Faouzi Hajjem

La détection de visages

Faouzi Hajjem

La détection de visages

Apprentissage des réseaux d'ondelettes Bêta par la théorie de frames

Éditions universitaires européennes

Mentions légales/ Imprint (applicable pour l'Allemagne seulement/ only for Germany)

Information bibliographique publiée par la Deutsche Nationalbibliothek: La Deutsche Nationalbibliothek inscrit cette publication à la Deutsche Nationalbibliografie; des données bibliographiques détaillées sont disponibles sur internet à l'adresse http://dnb.d-nb.de.
Toutes marques et noms de produits mentionnés dans ce livre demeurent sous la protection des marques, des marques déposées et des brevets, et sont des marques ou des marques déposées de leurs détenteurs respectifs. L'utilisation des marques, noms de produits, noms communs, noms commerciaux, descriptions de produits, etc, même sans qu'ils soient mentionnés de façon particulière dans ce livre ne signifie en aucune façon que ces noms peuvent être utilisés sans restriction à l'égard de la législation pour la protection des marques et des marques déposées et pourraient donc être utilisés par quiconque.

Photo de la couverture: www.ingimage.com

Editeur: Éditions universitaires européennes est une marque déposée de
Südwestdeutscher Verlag für Hochschulschriften GmbH & Co. KG
Dudweiler Landstr. 99, 66123 Sarrebruck, Allemagne
Téléphone +49 681 37 20 271-1, Fax +49 681 37 20 271-0
Email: info@editions-ue.com

Produit en Allemagne:
Schaltungsdienst Lange o.H.G., Berlin
Books on Demand GmbH, Norderstedt
Reha GmbH, Saarbrücken
Amazon Distribution GmbH, Leipzig
ISBN: 978-613-1-55623-4

Imprint (only for USA, GB)

Bibliographic information published by the Deutsche Nationalbibliothek: The Deutsche Nationalbibliothek lists this publication in the Deutsche Nationalbibliografie; detailed bibliographic data are available in the Internet at http://dnb.d-nb.de.
Any brand names and product names mentioned in this book are subject to trademark, brand or patent protection and are trademarks or registered trademarks of their respective holders. The use of brand names, product names, common names, trade names, product descriptions etc. even without a particular marking in this works is in no way to be construed to mean that such names may be regarded as unrestricted in respect of trademark and brand protection legislation and could thus be used by anyone.

Cover image: www.ingimage.com

Publisher: Éditions universitaires européennes is an imprint of the publishing house
Südwestdeutscher Verlag für Hochschulschriften GmbH & Co. KG
Dudweiler Landstr. 99, 66123 Saarbrücken, Germany
Phone +49 681 37 20 271-1, Fax +49 681 37 20 271-0
Email: info@editions-ue.com

Printed in the U.S.A.
Printed in the U.K. by (see last page)
ISBN: 978-613-1-55623-4

Dédicaces

Je dédie ce modeste travail à tous ceux qui me sont chers :

A ma très chère mère Aïcha, pour son immense amour, pour sa patience dont elle a fait preuve à mon égard, son soutien moral, ses conseils précieux et les sacrifices qu'elle a toujours consentis.

A mon cher frère Moez, Pour tous les encouragements qu'il a sus prononcer aux moments difficiles.

A mes adorables sœurs Rebh, Gamra et Samira.

A tous les membres de ma grande famille.

A tous mes amis, pour leurs encouragements et leurs aides considérables.

Que ce mémoire soit l'expression de mon profond respect et mon grand amour.

Faouzi

Remerciements

Mes agréables gratitudes à tous ceux qui ont contribué à la réalisation de ce travail.

J'adresse mes vifs remerciements à **Monsieur Mourad ZAIED**, Assistant à l'ENIG, pour avoir accepté de m'encadrer dans ce mémoire de mastère, pour sa disponibilité et ses précieux conseils qui m'ont beaucoup guidé pour l'accomplissement de ce mémoire et pour son encouragement continu.

Je tiens à remercier plus particulièrement **Monsieur Chokri BEN AMAR**, maître de conférences à l'ENIS et membre du laboratoire REGIM, pour avoir accepté de m'encadrer et de m'intégrer dans son équipe de recherche, pour ses conseils et ses remarques pertinentes.

Je remercie également **Monsieur Mohamed Adel ALIMI**, Professeur à l'ENIS et responsable du laboratoire REGIM, pour avoir bien voulu m'accepter membre dans son laboratoire de recherche.

Que tous mes sincères remerciements soient adressés à la direction de l'ISG Gabès et tous mes collègues et amis, en particulier Mme Salwa Saïd, pour son aide et son encouragement.

Enfin, J'exprime toute ma reconnaissance et ma haute considération aux membres du jury qui ont bien voulu me faire l'honneur de juger ce travail.

Faouzi

Liste des figures

Liste des tableaux

Abréviations

- ❖ **Bêta1D** : Ondelette Bêta unidimensionnelle

- ❖ **Bêta2D** : Ondelette Bêta bidimensionnelle

- ❖ **DE** : Distance Euclidienne

- ❖ **DFFS** : Distance From Face Space

- ❖ **EQM** : Erreur Quadratique Moyenne

- ❖ **HMM** : Hidden Markov Model

- ❖ **HSV** : Hue Saturation Value

- ❖ **IHM:** Interface Homme Machine

- ❖ **K-PPV** : K- Plus Proches Voisins

- ❖ **NRGB (RVBN)** : Normal Red Green Blue

- ❖ **PCA** : Principal Components Analysis

- ❖ **PDBNN:** Probabilistic Decision Based Neural Networks

- ❖ **PMC:** Perceptron MultiCouche

- ❖ **PSNR** : Peak Signal Noise Ratio

- ❖ **RBF** : Radial Basis Function

- ❖ **RGB(RVB)** : Red Green Blue (Rouge Vert Bleu)

- ❖ **SVM:** Support Vector Machine

- ❖ **TF** : Transformée de Fourier

- ❖ **TSL** : Tint Saturation Luminance

Table des matières

Introduction Générale

Le problème de la détection de visages a été posé comme une étape indispensable précédente à la reconnaissance de visages, qui fait partie d'un problème plus vaste et très répandu : La reconnaissance de formes (pattern recognition) dans le domaine de l'ingénierie et particulièrement de la vision par ordinateur, car elle permet la description et la classification de mesures.

Parmi ses applications, on peut citer la sécurité d'accès, la télésurveillance, les robots intelligents (auto contrôle des passagers dans les gares, auto contrôle d'accès à des zones privées ou dangereuses,...) et les systèmes d'Interface Homme Machine (identification de l'utilisateur par capture d'image)...

Différentes approches ont été proposées pour remédier le problème de détection de visages, dont nous citons les réseaux de neurones, les méthodes statistiques ou encore celles basées sur la géométrie de visage.etc. D'autres approches hybrides ont combiné deux ou plusieurs techniques afin d'améliorer les résultats atteints.

Parmi ces approches, nous trouvons les réseaux d'ondelettes qui exploitent les avantages des réseaux de neurones et ceux des ondelettes, issus des techniques de traitement du signal.

Dans ce contexte, nous nous intéressons dans ce mémoire, qui comporte quatre chapitres, à l'étude des réseaux d'ondelettes Bêta, basée sur la théorie des frames, pour la détection de visages. De ce fait, une approche est étudiée, implémentée et testée sous « MATLAB ».

Le chapitre 1 est consacré pour l'état de l'art, dans lequel nous présentons le principe de détection de visages et effectuons un survol des différentes techniques existantes dans ce domaine.

Le chapitre 2 est introduit par la technique d'analyse par ondelettes et ses avantages en évoquant les limites de l'analyse de Fourier. Nous décrivons, ensuite, les réseaux de neurones artificiels pour finir avec une présentation des réseaux d'ondelettes. A ce stade, une comparaison entre les réseaux d'ondelettes et d'autres architectures neuronales est détaillée ainsi qu'une exposition des différentes techniques de construction des réseaux d'ondelettes et leurs domaines d'application.

Le chapitre 3 décrit l'approche proposée dans ce mémoire. Nous commencons par une étude détaillée des ondelettes Bêta unidimensionnelle et multidimensionnelle en évoquant la notion des frames. Ensuite, nous décrivons les étapes de la phase d'apprentissage par réseaux d'ondelettes Bêta et sa démarche d'optimisation. La dernière section de ce chapitre est réservée pour détailler notre approche de détection de visages par réseaux d'ondelettes Bêta, basée sur la théorie des frames, en précisant son architecture et ses étapes.

Le chapitre 4 détaille l'implémentation de l'approche proposée. Des expérimentations permettant de préciser certaines propriétés des réseaux d'ondelettes, sont analysées et interprétées. Enfin, des tests sont appliqués, à l'aide d'un prototype, sur différentes images et des tableaux récapitulatifs sont dégagés suite à cette implémentation pour montrer la contribution apportée par ce travail dans le domaine de la détection de visages.

Enfin, ce mémoire est clôturé par une conclusion générale sur l'approche traitée, ainsi que quelques perspectives visant l'amélioration des résultats obtenus.

Chapitre 1

La détection de

visages

La détection de visages

Introduction

Le problème de la détection de visages a été traité par plusieurs méthodes et techniques différentes. Dans ce chapitre, Etat de l'art, nous essayons d'expliquer, en premier, le principe de la détection de visages et les enjeux à prendre en considération. Dans la deuxième partie, nous faisons un survol des différents travaux effectués à ce propos, tout en essayant d'étudier ces techniques et faire apparaitre leurs avantages et inconvénients.

I. Le principe de la détection de visages

La détection automatique de visages prend son importance de point de vue qu'elle est à la base de la reconnaissance de visages dans une image ou dans une séquence vidéo.

Le concept de base de la détection de visages serait celui des K-PPV(K-Plus Proches Voisins), qui consiste à parcourir l'image avec une fenêtre *(Figure 1.1, Figure 1.2)*, puis à comparer chaque «imagette»[1] extraite avec une série de visages types et de définir un «Visage» comme étant tout résultat dont la distance à l'une des images de la base soit suffisamment faible (Erreur < seuil).

Partons de ce constat, il est nécessaire que la détection de la présence ou non d'un visage dans une image soit basée sur des éléments stables et relativement descriptifs du visage humain et qui permettent ensuite de le reconnaître. Parmi ces éléments, on peut citer la forme du visage, la couleur de la peau, le contour des yeux, la forme du nez ou de la bouche…

Figure 1.1 : *Exemple d'images comportant un seul visage*

---

[1] Petite image

Figure 1.2 : *Exemple d'images comportant plusieurs visages*

Mais en considérant des tailles, des orientations, des rotations et des éclairages différents il faudrait pouvoir comparer chaque « imagette » extraite à des centaines de références! Si l'on rajoute les expressions faciales (sourires, grimaces,...), la détection de visages devient un problème difficile à traiter et c'est pour plusieurs raisons [5]:

• Bien que la plupart des visages soient structurellement semblables avec des caractères morphologiques communs (yeux, bouche, nez,...) placés selon une certaine configuration spatiale, il existe de grandes différences entre deux visages (forme du nez, couleur des yeux, couleur de peau,...).

• Certains caractères morphologiques peuvent être présents ou non selon les visages comme par exemple la moustache, la barbe, ...

• Certains caractères extérieurs peuvent déformer des caractères morphologiques comme par exemple le bronzage modifiant partiellement la couleur de la peau, l'âge peut modifier les rides du visage ou la couleur des cheveux, un éventuel accident peut laisser ses traces sur le visage, les lunettes, ...

• Un visage peut avoir des orientations et des dimensions très différentes. Il s'y ajoute les conditions d'éclairage et la position dans l'image où certaines zones du visage peuvent être cachées soit par un objet soit par un autre visage.

• Les visages sont avant tout des structures 3D dans un espace 3D, de nombreux paramètres s'ajoutent encore au problème original : des contraintes de luminosité (dues soit à la position de la tête, soit au type d'éclairage choisi), de couleur, d'ombres et de rotations éventuelles de la tête, ...

- La détection de visages doit être en temps réel surtout lorsque le résultat de la détection demande une réaction en temps réel comme par exemple une personne s'introduisant dans une zone très dangereuse.

Par conséquent, la détection automatique de visages dans une image reste un domaine de recherche très vaste et très riche en termes d'approches et techniques utilisées.

II. Approches et méthodes de détection de visages

Des nombreuses méthodes de détection de visages sont apparues dans les deux dernières décennies et qui se diffèrent, aussi bien par les approches qu'elles emploient, que par les techniques d'apprentissage qu'elles utilisent. Yang et al. classifient ces techniques en quatre classes [3, 8]:

➢ techniques descriptives basées sur la connaissance,

➢ techniques basées sur l'extraction de paramètres caractéristiques invariants,

➢ techniques basées sur la superposition de caractéristiques,

➢ techniques basées sur l'apparence.

Les techniques, basées sur l'apparence, utilisent l'analyse statistique et l'apprentissage automatique pour construire des machines capables de séparer les visages des non-visages. Les réseaux de neurones, les machines à vecteurs de support (SVM), les classificateurs Bayesiens, les modèles de Markov cachés (HMM) sont parmi les méthodes d'apprentissage automatique les plus souvent utilisées.

Ces méthodes peuvent être divisées en deux catégories : les méthodes géométriques et les méthodes globales. La performance de ces méthodes dépend de la précision (nombre de paramètres) avec laquelle les informations utiles du visage sont extraites.

1. Les Méthodes basées sur les caractéristiques du visage

On les appelle aussi les méthodes à traits, à caractéristiques locales, ou analytiques. L'analyse du visage humain est donnée par la description individuelle de ses parties, leurs positions et de leurs relations. Ce modèle correspond à la manière avec laquelle l'être humain perçoit le visage, c'est à dire, à nos notions de traits de visage et ses parties comme les yeux, le nez et la bouche, ce qui permet de conclure la présence ou non du visage dans l'image à analyser [6].

a. Approches basées sur la géométrie de visages :

Les travaux réalisés se sont au début basés contours (les années 70) [5], ensuite la plupart des approches se sont concentrées sur l'extraction des traits du visage à partir d'une image et sur la définition d'un modèle adéquat pour représenter ce visage. Un certain nombre de stratégies ont modélisé et classé les visages sur la base de distances normalisées et angles entre points caractéristiques : les yeux, les sourcils, la bouche, le nez,... mais peuvent être d'un niveau de détail beaucoup plus fin.

Cette phase d'extraction des traits caractéristiques du visage constitue l'étape clé du processus, car la performance du système entier en dépend.

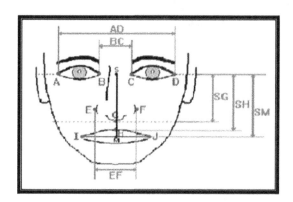

Figure 1.3 : *Modèle géométrique du visage*

b. Approches basées sur la couleur de la peau :

Dans cette approche, la couleur de peau humaine a été employée comme un dispositif efficace pour la détection de visage, et les applications reliées. Bien que la couleur de peau diffère d'un individu à un autre, plusieurs études ont prouvé que la différence principale existe dans l'intensité plutôt que la chrominance. Plusieurs espaces de couleur ont été employés pour marquer des pixels de peau comprenant RVB [4, 39], NRGB (RVB normal) [4, 26], HSV [4, 18] ...

J.C. Terrillon et al. [4, 46] ont présenté une étude comparative de plusieurs espaces de couleur largement répandus pour la détection de visages. Dans cette étude, les auteurs comparent les espaces chrominance en modelant des distributions de couleur de peau à un modèle gaussien. Dans leur essai de détection de visages, l'espace normal de TSL fournit les meilleurs résultats, cependant, leur conclusion générale est au sujet du critère le plus important pour la couleur de peau filtrant, qui est le degré du chevauchement entre la peau et les distributions de non-visages dans un espace donné (et ceci dépend fortement du nombre d'échantillons disponibles de peau et de non-visages). La segmentation de couleur peut fondamentalement être effectuée en utilisant les seuils appropriés de couleur de peau où elle est modelée par des histogrammes ou des diagrammes [4, 16, 17].

Dans des méthodes plus complexes, N. Oliver et al. [4, 26] et Yang et al. [4, 19] utilisent une distribution gaussienne pour représenter un faisceau de couleur de peau, se composant de milliers d'échantillons, pris des différentes races humaines. La distribution gaussienne est simplement caractérisée par sa matrice moyenne et de covariance. N'importe quelle couleur de pixel d'une image d'entrée est comparée au modèle de couleur de peau en calculant la distance de Mahalanobis [4, 21]. Cette distance donne une idée sur la ressemblance entre la couleur de pixel et la couleur de peau du modèle.

Quoique l'information de couleur semble être un outil efficace pour identifier des secteurs faciaux, les modèles de couleur de peau peuvent échouer quand le spectre (la température corrélée de couleur) de la source lumineuse change de manière significative. En outre, les caractéristiques du dispositif d'acquisition (équilibre spécifiquement blanc) effectueront également la transformation de couleur entre l'environnement et l'image.

En général, les filtres de couleur de peau sont construits en employant des seuils fixes pour des distributions de pixels témoins dans l'espace de couleurs.

c. Approches basées sur la connaissance généralisée :

Dans cette approche, les algorithmes développés sont basés sur des heuristiques au sujet de l'aspect de visages. Bien qu'il soit simple de créer une heuristique pour décrire le visage humain, la difficulté principale est dans la traduction de ces heuristiques dans des règles de classification d'une manière efficace.

Yang et Huang [4, 10] ont employé une méthode basée sur la connaissance hiérarchique pour détecter des visages. Leur système se compose de trois règles allant du niveau général au détaillé. Cette méthode ne rapporte pas un taux élevé de détection, mais, des méthodes plus récentes ont utilisé des règles de niveaux multiples.

L'avantage de ces méthodes est qu'elles prennent en compte la particularité du visage en tant que forme naturelle à reconnaître, et un nombre réduit de paramètres en exploitant les résultats de la recherche en neuropsychologie et psychologie cognitive sur le système visuel humain. La difficulté éprouvée quand il s'agit de prendre en considération plusieurs vues du visage ainsi que le manque de précision dans la phase « extraction » des points, constituent leur inconvénient majeur [6].

2. Les Méthodes Globales

Cette classe regroupe les méthodes qui mettent en valeur les propriétés globales du visage. Le visage est traité comme un tout. Dans ces méthodes ('Neural Networks', 'Support Vecteur Machine', 'Principal Component Analysis', 'Eigen faces', 'Hidden Markov Model'...), on génère une base d'exemples à partir de laquelle un classificateur va apprendre ce qu'est un visage (apprentissage). Ces systèmes sont très performants, mais très lents en phase d'apprentissage donc lourds à mettre en œuvre [6]. Parmi les approches les plus importantes réunies au sein de cette classe on trouve:

a. Approche PCA ou Les Visages Propres :

Vers la fin des années 80, Sirovich et Kirby [42] ont développé une technique en utilisant PCA pour représenter efficacement les visages humains. Le but est de capturer la variation dans une collection d'images de visages et d'utiliser cette information pour coder et comparer les visages (en termes mathématiques : trouver les vecteurs propres de la matrice de covariance de l'ensemble des images de visages). Le nombre possible de visages propres peut être approximé en utilisant seulement les meilleurs visages propres qui correspondent aux plus grandes valeurs propres [5].

Plus tard, au début des années 90, M. Turc et A. Pentland [4, 47] ont amélioré cette technique pour l'identification de visages. Leur méthode profite de la nature distincte des poids de 'Eigen faces' pour la représentation individuelle de visages.

Plus récemment, en utilisant DFFS (Distance From Face Space), B. Moghaddam et A. Pentland ont proposé un détecteur facial de dispositif qui produit des 'Eigen features' ('Eigen eyes', 'Eigen nose', 'Eigen mouth'), qui sont obtenus à partir de divers calibres faciaux de dispositif dans un ensemble de formation [27].

Ensuite, ils ont développé cette technique dans un cadre probabiliste à l'aide d'un détecteur de maximum de vraisemblance qui tient compte de l'espace de visage et de son complément orthogonal pour manipuler des densités arbitraires. Comparé au détecteur de DFFS, les résultats étaient sensiblement meilleurs [28].

L'approche PCA (Principal Components Analysis) est une manière intuitive et appropriée de construire un sous-espace pour représenter une classe d'objet dans beaucoup de cas. Cependant, pour modeler la variété dans des images de visages, PCA n'est pas nécessairement optimal. L'espace de visage pourrait mieux être représenté en le divisant en sous-classes. La plupart des méthodes qui ont été proposées sont basées sur un certain mélange de Gaussiens multidimensionnel.

b. Approches Probabilistes (Statistiques) :

Ces approches reposent essentiellement sur la théorie de décision pour résoudre les problèmes de classement et de classification, et c'est pour ça qu'ils utilisent généralement la classification fondée sur le théorème de Bayes.

Colmenarez et Huang [4, 14] ont proposé un système basé sur l'information relative de Kullback (divergence de Kullback) pour créer des fonctions de probabilité pour les classes de Visages et de Non-Visages.

Yang et al. [4, 34, 35] ont présenté une méthode pour détecter des visages humains à partir d'images en couleur. Un modèle de la couleur de peau humaine basé sur une analyse statistique multivariante est construit pour capturer les propriétés chromatiques. Ensuite, dans un autre travail, ils ont présenté une autre méthode de probabilité qui utilise un mélange d'analyseurs de facteur.

Dans une autre approche, E. Osuna et al. [4, 20] ont développé une méthode efficace pour former un SVM pour des problèmes à grande échelle, et l'ont appliqué à la détection de visages.

Kumar et Poggio [4, 19] ont, ensuite, incorporé un algorithme du SVM dans un système pour l'analyse des visages en temps réel. Ils appliquent cet algorithme du SVM sur des régions segmentées de peau dans les images d'entrée pour éviter le balayage approfondi.

W. Karam et al. [3] ont crée, plus tard, un système de détection de visage et d'extraction de paramètres basé sur les SVM et appliqué sur des visages parlants dans des séquences vidéo. Une machine SVM est apprise sur des fenêtres après leur transformation dans le domaine D'ondelettes. Un modèle géométrique statistique est ensuite appliqué afin de lisser la sortie de la machine SVM et d'affiner la détection. Un autre modèle probabiliste sur les distances aux frontières SVM permet plus de lissage et une meilleure sélection des composantes faciales.

Schneiderman et Kanade [4, 23, 24] décrivent deux détecteurs de visage basés sur la décision de Bayes (présenté comme essai de rapport de probabilité) :

$$\frac{P(image \setminus objet)}{P(image \setminus non\_objet)} > \frac{P(non\_objet)}{P(objet)} \qquad (1.1)$$

Si le rapport de probabilité (côté gauche) de l'équation ci-dessus est plus grand que l'autre côté, alors on décide qu'un objet (un visage) est présent à l'endroit courant.

L'avantage de cette approche est l'optimalité de la règle de décision de Bayes [9], si les images sont précises.

Figure 1.4 : *Exemple de la détection de visages*
Schneiderman and Kanade (IEEE 2000/2001)

S. Zhou et al. [38] proposent un modèle probabiliste paramétrisé par un vecteur de cheminement d'état et une variable de reconnaissance d'identité caractérisant simultanément la dynamique et l'identité des humains. Ils appellent, alors, des approches de condensation pour fournir une solution numérique au modèle. Une fois que la distribution postérieure commune du vecteur d'état et de la variable d'identité est estimée, ils la marginalisent au-dessus du vecteur d'état pour rapporter une évaluation robuste de la distribution postérieure de la variable d'identité.

Ces approches posent le problème de la complexité de calcul qui reste très élevée.

c. Approches basées sur les réseaux de neurones:

Cette approche repose essentiellement sur la notion d'apprentissage qui est depuis de nombreuses années au cœur de la recherche en intelligence artificielle. Puisque la détection de visages peut être comprise comme problème d'identification de modèle de deux classes (visage ou non-visage), plusieurs méthodes utilisant les réseaux de neurones ont été présentées pour la solution. Un examen des méthodes de détection de visage par réseaux de neurones peut être trouvé dans la recherche de Viennet et al. [4, 36].

La première approche basée sur un réseau de neurones, qui a donné des résultats significatifs sur des données complexes, était présentée par Rowley et al. [1]. Le système incorpore la détection de visages dans un réseau de neurones connecté en rétine *(Figure 1.5)*.

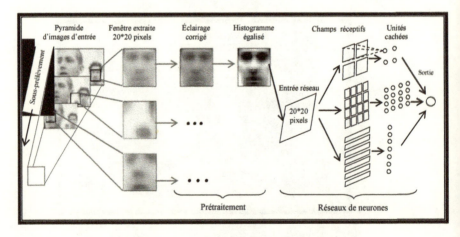

Figure 1.5 *: le système de Rowley et al. (IEEE1998)*

Ce réseau de neurones est conçu pour traiter des fenêtres de 20 x 20 pixels avec une couche cachée. La fenêtre d'entrée est prétraitée par la correction d'éclairage et l'égalisation d'histogramme.

Lin et al. [4, 2] ont proposé un système d'identification de visages entièrement automatique à décision probabilistes basé sur les réseaux de neurones (PDBNN). Un PDBNN est un réseau de neurones de classification avec une structure modulaire hiérarchique. Au lieu de l'image convertissante d'entrée à un vecteur cru, ils ont préféré employer des traits basés sur l'intensité et le contour.

Roth et al. [4, 30] ont proposé une nouvelle architecture d'étude dans le domaine visuel, qui est appliquée à la détection de visages. Le système est un réseau d'étude se composant de deux sous-réseaux pour le Visage et le Non-Visage. Les deux sous-réseaux de cible opèrent un espace d'entrée de dispositifs booléens.

Une autre architecture de réseau de neurones a été proposée par F. Boray Tek [4]. Cette architecture est basée sur le système développé par Rowley et al. et permettant de représenter n'importe quelle fonction, par la projection, en utilisant les surfaces arbitraires de décision basées sur des fonctions non-linéaires d'activation.

L'avantage de cette approche est le gain de temps considérable. En insérant des zooms différents lors de l'apprentissage, il ne devient plus nécessaire de tester chaque dimension potentielle. Rien n'interdisant la présence d'un visage occupant toute l'image ou uniquement le un dixième dans le coin. Cependant, l'utilisation d'exemples pour apprentissage apporte le risque de ne pouvoir résoudre que des situations déjà rencontrées, où un phénomène de sur-apprentissage qui spécialiserait le réseau uniquement sur les exemples connus sans généraliser.

3. Les Méthodes Hybrides

La plupart des techniques courantes dans la détection de visages sont basées sur l'hybridation de deux ou plusieurs méthodes déjà expérimentées. Dans ce contexte, Y. Zhu et al. [31] proposent une application de détection de visages basée sur l'analyse orthonormale de paquet d'ondelettes avec un modèle stochastique discret dans le but de réduire la complexité et le temps de calcul.

I. Boaventura et al. [32] proposent une approche pour détecter le visage humain dans des images numériques, en combinant deux techniques différentes : La transformée discrète en ondelettes (les ondelettes de Haar et Symlet) et un réseau de neurones *(Figure 1.6)*.

Une autre approche a été proposée par R. Lim et al. [33] qui emploient d'abord l'information de couleur pour détecter des régions candidates de visage humain, ensuite ils utilisent un graphique déformable de l'ondelette de Gabor. La recherche est exécutée en utilisant un algorithme génétique qui peut explorer efficacement l'espace de solutions.

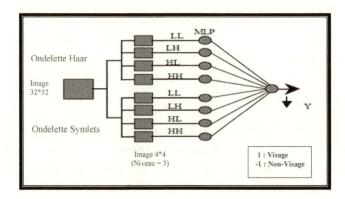

Figure 1.6 : *l'architecture proposée par I. Boaventura et al.*

Conclusion

Dans ce chapitre, nous avons vu le principe de la détection de visages humains dans une image, ensuite nous avons présenté quelques approches à propos de ce sujet : Les méthodes basées sur les caractéristiques du visage (la géométrie du visage, la couleur de la peau, la connaissance généralisée,…) et Les méthodes globales (PCA, Approches probabilistes, réseaux de neurones…), ainsi que quelques méthodes hybrides.

La liste des méthodes présentées dans ce chapitre n'est pas exhaustive, mais constitue un aperçu de la diversité des approches qui existent pour faire la détection de visages.

Les méthodes les plus riches et les plus utilisées pour la détection de visages sont celles Exploitant les réseaux de neurones. Dans ce contexte, plusieurs architectures de réseaux et plusieurs méthodes d'apprentissage ont été proposées.

Chapitre 2

Introduction aux réseaux d'ondelettes

Introduction aux réseaux d'ondelettes

Introduction

En 1983, J. Morlet et Grossmann ont proposé un procédé révolutionnaire, l'analyse par ondelettes, qui permet d'analyser efficacement des signaux où se combinent des phénomènes d'échelles très différentes. L'analyse par ondelettes est reconnue comme un outil puissant d'analyse et de reconstruction de signaux.

Dans ce chapitre, nous présentons, tout d'abord, les limites des techniques classiques d'analyse des signaux. Ensuite, nous abordons l'historique des ondelettes, puis nous détaillerons cette théorie et ses avantages.

Dans la seconde partie, nous décrivons la notion des réseaux de neurones, leurs principes de fonctionnement illustrés par quelques exemples et leurs relations avec les ondelettes.

Enfin, nous montrons une nouvelle approche hybride basée sur la combinaison entre les réseaux de neurones et les ondelettes : les réseaux d'ondelettes. Différents modèles de ces réseaux d'ondelettes sont étudiés.

I.   L'analyse de Fourier

L'analyse de Fourier a dominé l'analyse mathématique pendant plus d'un siècle. Elle a même influencé la théorie des nombres et les probabilités. En dehors des mathématiques, son influence est incontestable. Que se soit dans les domaines de la téléphonie, de l'imagerie médicale ou des outils de communications radios, l'analyse de Fourier est omniprésente. Très souvent, lorsque des scientifiques ou des ingénieurs analysent des systèmes ou cherchent des solutions, c'est l'analyse de Fourier qui est utilisée.

La décomposition en série de Fourier d'une fonction périodique permet de représenter celle-ci comme une somme infinie de sinus et de cosinus de fréquences différentes (2.1). Ce qui permet une foule d'applications, notamment le traitement du signal (les signaux carrés, triangulaires, ...). Mais, la catégorie de fonctions auxquelles elle s'applique est restreinte.

Par conséquent, la décomposition en série de Fourier est très limitée et peu de signaux naturels remplissent la condition d'être périodique.

$$\frac{1}{2}a_0 + \sum_{n+1}^{\infty}(a_n\cos(nx)) + \sum_{n=1}^{\infty}(b_n\sin(nx)) \tag{2.1}$$

Si on veut représenter une fonction périodique f par une série trigonométrique, il faut déterminer les paramètres a_n et b_n.

La série de Fourier d'une fonction f périodique tel que $f(t+T) = f(t)$ se déduit donc de l'expression (2.1) et on la définit comme une série trigonométrique :

$$f(t) = \frac{1}{2}a_0 + \sum_{n+1}^{\infty} a_n \, cos\left(2n\frac{\pi t}{T}\right) + \sum_{n=1}^{\infty} b_n \, sin\left(2n\frac{\pi t}{T}\right) \tag{2.2}$$

Où les coefficients de Fourier a_0, a_n et b_n sont définis par :

$$a_0 = \frac{2}{T}\int_{\frac{\pi}{2}}^{-\frac{\pi}{2}} f(t)dt \tag{2.3}$$

$$a_n = \frac{1}{T}\int f(t)cos\left(2n\frac{\pi t}{T}\right)dt \tag{2.4}$$

$$b_n = \frac{1}{T}\int f(t)sin\left(2n\frac{\pi t}{T}\right)dt \tag{2.5}$$

Les séries de Fourier sont, dans certains cas, limitées. Tout d'abord, la fonction f doit être périodique. Elle est exprimée par une somme de sinusoïdes qui sont des fonctions périodiques et on peut montrer qu'une somme quelconque de fonctions périodiques est encore une fonction périodique. En effet, pour représenter d'autres fonctions sur $\mathbb{R}$, on aura besoin d'un nouvel outil : La transformée de Fourier [45].

La transformée de Fourier est un passage d'une représentation d'un signal à une autre.

$$F(f) = \int_{-\infty}^{+\infty} f(t)e^{-2i\pi ft} \, dt \tag{2.6}$$

La reconstruction du signal peut être réalisée par la transformée inverse :

$$f(t) = \int\limits_{-\infty}^{+\infty} F(f)e^{-2i\pi ft} \, df \tag{2.7}$$

En règle générale, tous les signaux physiques remplissent les conditions nécessaires pour être traités par transformée de Fourier. L'intérêt d'une telle décomposition est alors de pouvoir analyser ces signaux en fréquences et repérer ainsi leur contenu fréquentiel [45].

L'analyse de Fourier, Malgré ses avantages, elle représente quelques inconvénients, en particulier son manque de localisation temporelle. En effet, elle permet de connaître les différentes fréquences excitées dans un signal, c'est-à-dire son spectre, mais ne permet pas de savoir à quels instants ces fréquences ont été émises. Cette analyse donne une information globale et non locale, car les fonctions d'analyse utilisées sont des sinusoïdes qui oscillent indéfiniment sans s'amortir. Cette perte de localité devient un problème pour l'étude de signaux non stationnaires.

II. L'analyse par ondelettes

1. Définition des ondelettes

Le terme *ondelette* désigne une fonction qui oscille pendant une durée donnée, si la variable est temporelle, ou sur un intervalle de longueur finie si la variable est de spatiale (fréquence). Au delà, la fonction décroît rapidement à zéro.

Historiquement, les premières ondelettes introduites par Haar dans les années 30 constituaient une base de fonctions orthogonales. Les ondelettes de Haar présentent la particularité de ne pas être dérivables.

Dans les années 80, Meyer a introduit des nouvelles fonctions ondelettes qui constituent également une base de fonctions orthogonales, et qui, de plus, sont dérivables. Elles ont été mises en œuvre dans le cadre de l'analyse multirésolution de signaux par Mallat en 89.

Ces ondelettes ne peuvent pas s'exprimer sous une forme analytique simple. Pour cette raison, elles sont peu adaptées pour l'approximation de fonctions.

Les *frames*, ou ondelettes à structures obliques, ont été introduites par J. Morlet dans le but de trouver des bases de fonctions non nécessairement orthogonales pour représenter des signaux. Ces structures obliques ont été ensuite l'objet des travaux de I. Daubechies qui a développé un support théorique aux résultats de J. Morlet. Les frames ont des expressions analytiques simples, et toute fonction de carré sommable peut être approchée, avec la précision voulue, par une somme finie d'ondelettes issues d'une frame.

2. Les principales caractéristiques d'une ondelette mère

Une ondelette mère ψ est une fonction de base que l'on peut translater et dilater pour recouvrir le plan temps-fréquences et analyser un signal. L'ondelette doit être une fonction de moyenne nulle, en d'autres termes, ψ doit être une onde ! Ce qui s'écrit mathématiquement par [41] :

$$\int \psi(x)\, dx = 0 \tag{2.8}$$

Toutes les ondelettes d'une famille, $\psi_{a,b}(x)$, $(a > 0 \ et \ b \in \mathbb{R})$sont générées à partir d'une ondelette mère, en introduisant les paramètres de dilatation (échelle) a et de translation dans le temps b.

$$\psi_{a,b}(x) = \frac{1}{\sqrt{|a|}} \psi\left(\frac{x-b}{a}\right) \qquad Avec\ a, b \in \mathbb{R} \tag{2.9}$$

Une ondelette mère doit remplir certaines propriétés dont les plus importantes sont :

a. L'admissibilité :

Soit ψ une fonction non nulle de $L^2(\mathbb{R})$ et $TF(\psi)$ sa transformée de Fourier. On dit que ψ est admissible si :

$$0 < \int_{-\infty}^{+\infty} \frac{\left|TF(\psi(x))\right|^2}{|x|}\, dx < +\infty \tag{2.10}$$

b. La Localisation :

Une ondelette dont la fonction $\psi(x)$ de $L^2(\mathbb{R})$ est locale, si elle est à décroissance rapide sur les deux bords de son domaine de définition. La localisation signifie que l'énergie d'une ondelette est contenue dans un intervalle fini. Idéalement, l'ondelette est une fonction nulle en dehors d'un intervalle fini : c'est-à-dire une fonction à support compact.

c. L'oscillation :

C'est le moment d'ordre 0, où la moyenne de la fonction $\psi(x)$ de $L^2(\mathbb{R})$ est nulle, et par conséquent, $\psi(x)$ doit avoir un caractère ondulatoire, qui change de signe au moins une fois. Cette propriété figure dans l'expression (2.8).

d. La translation et la dilatation :

L'ondelette mère doit satisfaire les propriétés de translation et de dilatation pour quelle puisse générer d'autres ondelettes *(Figure2.2)*.

Nous présentons ci-dessous quelques ondelettes unidimensionnelles :

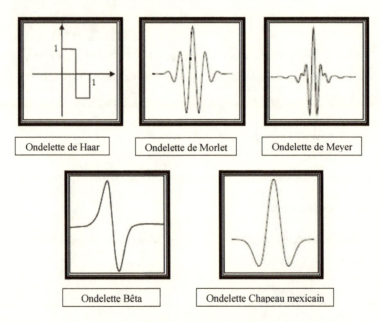

Figure 2.1: *Quelques exemples d'ondelettes 1D*

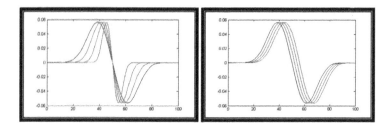

Figure 2.2: *Exemple d'une ondelette dilatée et translatée.*

3. Présentation des ondelettes multidimensionnelles

Dans le cadre de la modélisation, il est fréquent d'avoir affaire à des processus multivariables, il est donc utile d'introduire la notion d'ondelette multidimensionnelle.

On peut définir une ondelette multidimensionnelle comme le produit d'ondelettes unidimensionnelles : on dit alors que les ondelettes sont séparables [45]. Dans ce cas, l'expression d'une ondelette multidimensionnelle est :

$$\Psi_j(x) = \prod_{k=1}^{N_i} \psi(Z_{jk}) \qquad avec : \ Z_{jk} = \frac{x_k \pm m_{jk}}{d_{jk}} \tag{2.11}$$

Où x_k est la $k^{\text{ième}}$ composante du vecteur d'entrée x, et Z_{jk} la composante centrée par m_{jk} et dilatée d'un facteur d_{jk}. Il a été montré que ces ondelettes multidimensionnelles sont des frames à structures obliques de $L^2(\mathbb{R}^{N_i})$.

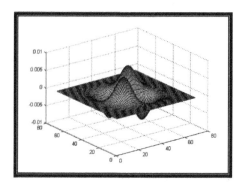

Figure 2.3: *Exemple d'une ondelette 2D*

4. La transformée en ondelettes

De manière analogue à la théorie des séries de Fourier, les ondelettes sont principalement utilisées pour la décomposition de fonctions.

La décomposition d'une fonction en ondelettes consiste à l'écrire comme une somme pondérée de fonctions obtenues à partir d'opérations simples (dilatation, translation,…) effectuées sur une fonction principale : l'ondelette mère.

Selon que ces translations et dilatations sont choisies de manière discrète (ne veut pas dire, nécessairement, des entiers) ou continue, on parle d'une transformée en ondelettes continue ou discrète.

a. La transformée en ondelettes continues :

Une transformée en ondelettes est dite continue lorsque les paramètres structurels des fonctions utilisées, c'est-à-dire les translations et les dilatations, peuvent prendre n'importe quelle valeur réelle de $\mathbb{R}$ (les dilatations doivent néanmoins être positives).

Pour que la transformée en ondelettes d'une fonction existe, il faut que cette fonction appartienne à l'ensemble des fonctions de carré sommable que l'on note par $L^2(\mathbb{R})$. Autrement dit, il faut que son carré soit fini. Cette condition se traduit par [41] :

$$\int f^2(x)dx < \infty \tag{2.12}$$

Dans ces conditions, la transformée en ondelette continue de la fonction f est définie comme le produit scalaire de f et de l'ondelette ψ :

$$W_f(a,b) = \frac{1}{\sqrt{|a|}} \int f(x)\psi\left(\frac{x-b}{a}\right)dx \tag{2.13}$$

La reconstruction de la fonction f à partir de sa transformée est possible, lorsque le critère d'admissibilité (2.10) est vrai, à partir de la transformée inverse :

$$f(x) = \frac{1}{c_\psi} \int\limits_{-\infty}^{+\infty} \int_0^{+\infty} W_f(a,b) \frac{1}{\sqrt{|a|}} \psi\left(\frac{x-b}{a}\right)dadb \tag{2.14}$$

b. La transformée en ondelettes discrètes

Une transformée en ondelettes est dite discrète lorsque les valeurs des translations et des dilatations sont discrètes (pas nécessairement entières).

Soit ψ une ondelette mère. Une famille d'ondelettes, obtenue à partir de ψ, est donc entièrement connue par la donnée du triplet (ψ, a, b), où a détermine l'échelle des dilatations et b détermine le pas des translations.

Les études ont montré que l'expression d'une ondelette dans un contexte de transformée continue ou discrète est la même, avec une dépendance entre la translation et la dilatation dans le cas de la transformée discrète, alors que ces quantités sont indépendantes dans le cas de la transformée continue [41].

Il est connu que la représentation ψ de l'équation (2.13) est très redondante et que l'espace continu peut être discrétisé sans perte d'informations. Dans l'équation (2.14), le double intégral est remplacé par une double somme.

$$f(x) = \frac{1}{c_\psi} \sum \sum w_f(a, b) \frac{1}{\sqrt{|a|}} \psi \left(\frac{x - b}{a} \right) \tag{2.15}$$

Une transformée en ondelettes discrètes à deux dimensions peut être accomplie en exécutant deux transformées unidimensionnelles séparées. En premier, l'image (signal 2D) est filtrée horizontalement (suivant l'axe des x) et divisée par deux. Par la suite la sous-image sera filtrée verticalement (suivant l'axe des y) et divisée par deux.

On obtient alors une image composée de quatre bandes après une décomposition à un seul niveau.

c. Les avantages de la transformée en ondelettes :

Le fait que la transformée utilise des fonctions bien localisées dans le plan temps-fréquence lui donne beaucoup d'avantages [45] :

−La résolution en fréquence de la transformée dépend du facteur de dilatation par le principe de Heisenberg, on peut donc choisir arbitrairement celle-ci suivant ce que l'on désire analyser.

– Pour des signaux physiques présentant des variations très rapides et des discontinuités, l'analyse en ondelettes est adaptée car l'ondelette va détecter ces variations et les analyser. Cette particularité rend l'analyse en ondelettes complémentaire à l'analyse de Fourier. En effet, avec l'analyse de Fourier, les discontinuités d'un signal ne sont pas facilement analysables.

– La localisation en temps est précieuse pour beaucoup d'applications.

– La transformée en ondelette peut représenter complètement et efficacement un signal quelconque avec peu de coefficients.

III. Les réseaux de neurones

Issus de travaux à connotation biologique dans les années 40, les réseaux de neurones artificiels sont maintenant considérés comme des outils mathématiques et automatiques, indépendamment de toute référence à la biologie. Ils sont utilisés comme outils puissants de classification, notamment pour la détection et la reconnaissance de formes (Pattern recognition).

1. Fondements biologiques des neurones

a. La structure d'un neurone :

Les neurones sont des cellules qui représentent l'élément de base du système nerveux. Un neurone est composé de *(Figure 2.4)*:

• **Le corps cellulaire :** Il contient le noyau du neurone et effectue les transformations biochimiques nécessaires à la synthèse des enzymes et d'autres molécules pour assurer la vie du neurone.

• **Les dendrites :** Ce sont de fines extensions tubulaires permettant de capturer les signaux arrivant au neurone, et les acheminer vers son corps.

• **L'axone :** Il présente la fibre nerveuse et permettant le transfert des signaux émis par le neurone vers des autres. Il se distingue des dendrites par sa forme et par les propriétés de sa membrane externe.

Un réseau de neurones est composé de plusieurs neurones connectés par des synapses.

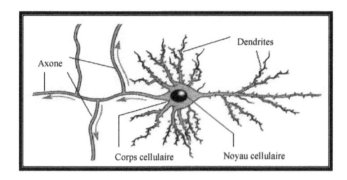

Figure 2.4: *Structure d'un neurone*

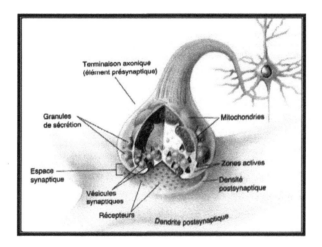

Figure 2.5: *La synapse d'un neurone*

b. Principe de fonctionnement des neurones :

Le fonctionnement d'un neurone dépend essentiellement de propriétés de sa membrane externe. Lorsque le neurone est excité, un potentiel électrique, appelé potentiel d'action, naît dans le corps cellulaire de neurones et se propage le long de l'axone. Une fois arrivé à l'extrémité de l'axone, le potentiel d'action déclenche la libération d'un médiateur chimique, appelé neurotransmetteur, au niveau de la synapse où le signal électrique de l'impulsion nerveuse est converti en un signal biochimique *(Figure2.5)*.

Le courant synaptique se propage le long des dendrites jusqu'au corps cellulaire du neurone cible. A ce niveau, le corps cellulaire traite l'ensemble des courants synaptiques qui lui parviennent en effectuant une somme algébrique des courants synaptiques excitateurs et inhibiteurs. Si le potentiel résultant dépasse le seuil critique d'excitation du neurone (*-10mV*), alors le neurone est excité et déclenche à son tour un potentiel d'action qui se propage le long de son axone. Dans le cas contraire, le neurone reste inactif.

2. Les réseaux de neurones artificiels

Un neurone formel fait une sommation pondérée des potentiels d'actions qui lui parviennent (chacun de ces potentiels est une valeur numérique qui représente l'état du neurone qui l'a émis), puis s'active suivant la valeur de cette sommation pondérée. Si cette somme dépasse un certain seuil, le neurone est activé et transmet une réponse dont la valeur est celle de son activation, sinon le neurone reste inactif et ne transmet rien.

Chaque neurone artificiel reçoit un nombre variable d'entrées. A chacune de ces entrées est associé un poids *w* représentatif de la force de la connexion. Chaque neurone est doté d'une sortie unique, qui permet d'alimenter un nombre variable de neurones avals.

Le neurone effectue la somme pondérée de ses entrées, puis il calcule sa sortie par une transformation non linéaire de cette somme. Les pondérations ou les poids représentent l'intensité synaptique de ce neurone.

Le fonctionnement d'un neurone artificiel est exprimé par les expressions suivantes :

$$\begin{cases} e_j = \sum_{j=1}^{n}(x_j w_{ji}) \\ \\ y_i = f(e_i - \theta) \end{cases} \quad (2.16)$$

$$Avec : \begin{cases} x_i : Signaux\ d'entrée\ du\ neurone\ i \\ w_{ji} : Poids\ des\ entrées \\ y_i : La\ sortie \\ e_i : Entrée\ globale \\ \theta : Seuil\ d'activation\ du\ neurone \end{cases}$$

3. Exemples de réseaux de neurones

a. Le perceptron multicouche (PMC) :

Le perceptron est la forme la plus simple de réseau de neurones, et permet de classifier correctement des objets appartenant à deux classes linéairement séparables. Il consiste en un seul neurone qui possède un seuil, ainsi qu'un vecteur de poids synaptiques ajustables.

La mise en cascade de perceptrons conduit à ce qu'on appelle les perceptrons multicouches (*Figure2.6*). Lorsque le vecteur de caractéristiques d'un objet est présenté à l'entrée du réseau, il est communiqué à tous les neurones de la première couche. Les sorties des neurones de cette couche sont alors communiquées aux neurones de la couche suivante, et ainsi de suite. La dernière couche du réseau est appelée *couche de sortie*, les autres étant désignées sous le terme de *couches cachées* car les valeurs de sortie de leurs neurones ne sont pas accessibles de l'extérieur.

Le théorème d'approximation prouve qu'un perceptron multicouche, à une seule couche cachée, est en théorie toujours suffisant.

Toutefois, il ne préjuge en aucun cas du nombre d'unités cachées qui est nécessaire pour atteindre une qualité d'approximation suffisante. Ce nombre pouvant parfois être gigantesque, l'utilisation d'un perceptron multicouche à deux (ou plus) couches cachées ne comportant chacune qu'un nombre restreint de neurones peut parfois s'avérer être plus utile.

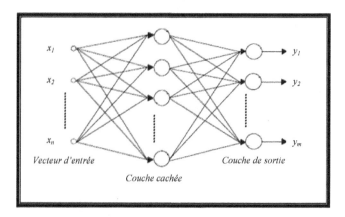

Figure 2.6: *Perceptron Multicouche à une couche cachée.*

Grâce à l'utilisation de fonctions d'activation non linéaires, le perceptron multicouche est à même de générer des fonctions discriminantes non linéaires. L'algorithme d'apprentissage supervisé du perceptron multicouche, connu sous le nom d'*algorithme de rétropropagation*, nécessite toutefois que les fonctions d'activation des neurones soient continues et dérivables. Les fonctions qui sont le plus couramment utilisées sont probablement de type sigmoïdal (Ondelettes par exemple).

Avec la *rétropropagation*, la donnée d'entrée est, à plusieurs reprises, présentée au réseau de neurones. À chaque présentation, la sortie du réseau est comparée à la sortie désirée et une erreur est calculée. Cette erreur est alors réinjectée dans le réseau et employée pour ajuster les poids de façon qu'elle diminue à chaque itération et que le modèle neuronal arrive de plus en plus près de la reproduction de la sortie désirée. Ce processus s'appelle *la formation*.

b. Le réseau à Fonction Radiale de Base (RBF) :

Le réseau à fonction radiale de base comporte deux couches de neurones (*Figure2.7*). Les cellules de sortie effectuent une combinaison linéaire de fonctions de base non linéaires, fournies par les neurones de la couche cachée. Ces fonctions de base produisent une réponse différente de zéro seulement lorsque l'entrée se situe dans une petite région bien localisée de l'espace des variables. Bien que plusieurs modèles de fonctions de base existent, le plus courant est de type Gaussien.

L'apprentissage du réseau à fonction radiale de base est généralement scindé en deux parties : Dans un premier temps, les poids des neurones de la couche cachée sont adaptés au moyen d'une quantification vectorielle. Il existe plusieurs manières d'effectuer cette dernière. Lorsque les poids des cellules cachées sont fixés, les paramètres de normalisation sont déterminés en calculant la dispersion des données d'apprentissage associées à chaque centroïde. La seconde couche du réseau peut alors être entraînée. L'apprentissage est cette fois supervisé (les valeurs de sortie désirées sont fournies), et s'effectue typiquement à l'aide d'un algorithme basé sur un critère des Moindres Carrés de l'Erreur.

L'entraînement de la seconde couche est très rapide, car, d'une part, les sorties de la couche cachée peuvent être calculées une seule fois pour tous les exemples d'apprentissage, et d'autre part, les sorties des neurones de la seconde couche sont linéaires. Les méthodes d'apprentissage, tel que le critère des moindres carrés du perceptron, peuvent être appliquées.

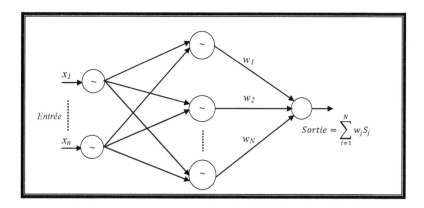

Figure 2.7: *Un réseau à fonction radiale de base.*

Le fait que l'apprentissage de la couche cachée soit non supervisé, est toutefois un inconvénient de ce modèle de réseau vis-à-vis d'un perceptron multicouche. Pour pallier à ce dilemme, des méthodes d'apprentissage supervisé de réseaux à fonction radiale de base ont également été développées.

Un avantage du réseau à fonction radiale de base est que sa phase d'apprentissage est plus rapide que celle du perceptron multicouche. Mais la non-linéarité, présente dans la couche de sortie du perceptron multicouche, est inexistante dans le réseau à fonction radiale de base, ce qui constitue un désavantage de ce dernier vis-à-vis du premier.

L'efficacité (Erreur / taille du réseau) d'un réseau à fonction radiale de base et d'un perceptron multicouche est dépendante du problème traité.

IV. Les réseaux d'ondelettes

La notion de réseaux d'ondelettes existe depuis les années 90. Il s'agit d'une combinaison entre deux techniques de traitement de signaux : La transformée en ondelettes et les réseaux de neurones artificiels. Les réseaux d'ondelettes remplacent la fonction sigmoïde par des ondelettes comme fonction de transfert dans chaque neurone.

Deux modèles différents ont été proposés pour différentes applications, telles que la classification et la reconnaissance de formes, et la compression de signaux.

Rappelons de la relation (2.14) qui donne l'expression d'une fonction f de carré sommable sous la forme d'une intégrale sur toutes les dilatations et toutes les translations possibles de l'ondelette mère. Supposons que l'on ne dispose que d'un nombre fini N_w d'ondelettes $\psi_{a,b}$ obtenues à partir de l'ondelette mère ψ. On peut alors considérer la relation (2.17) comme une approximation de la relation (2.14).

$$f(x) \simeq \sum_{j=1}^{N_w} \left(c_j \psi_j(x) \right) \tag{2.17}$$

La somme finie de la relation (2.17) est donc une approximation d'une transformée inverse. Elle peut être vue aussi comme la décomposition d'une fonction en une somme pondérée d'ondelettes, où chaque poids c_j est proportionnel à w_f (a_j, b_j). C'est dans cette perspective qu'a été proposée l'idée de réseaux d'ondelettes [41].

1. Architecture des réseaux d'ondelettes

a. Modèle1 de réseaux d'ondelettes

L'architecture dans ce modèle, est proche de celle d'un réseau RBF. Le réseau est considéré constitué de deux couches : une première couche avec N_i entrées et une couche cachée constituée de N_w ondelettes, et un Sommateur de sortie recevant les sorties pondérées des ondelettes. Les cellules d'une couche sont connectées à toutes les cellules de la couche suivante uniquement. La propagation des valeurs se fait des cellules d'entrées vers les cellules de sortie.

Cette architecture est donc tout à fait comparable aux réseaux de neurones utilisant des fonctions sigmoïdales. Elle présente également une similitude avec l'architecture des réseaux RBF mais la fonction de transfert est remplacée par une fonction ondelette $\psi_{a,b}$ (t).

L'algorithme d'apprentissage est hérité aussi de celui des réseaux de neurone RBF. Il vise à réduire l'erreur commise entre l'entrée du réseau et sa sortie en corrigeant les paramètres de ce réseau.

La fonction de coût quadratique est utilisée pour mesurer cette erreur. L'apprentissage vise, ainsi, à minimiser le coût empirique donné par la quantité E [13]:

$$E = \frac{1}{2} \sum_{t=1}^{T} (y_d(t) - y(t))^2 \tag{2.18}$$

Où $y(t)$ est la sortie réelle obtenue par le réseau et $y_d(t)$ la sortie désirée.

L'expression de la sortie du réseau est :

$$y(t) = \sum_{k=1}^{N} \left(w_k \psi_k \left(\frac{t - b_k}{a_k} \right) \right) \tag{2.19}$$

L'algorithme de la descente en gradient est utilisé à chaque itération de cet algorithme, en propageant le calcul d'une couche à une autre jusqu'à la couche de sortie.

Remarque : L'algorithme d'apprentissage consiste à modifier les paramètres dans le sens opposé au gradient de la fonction d'erreur.

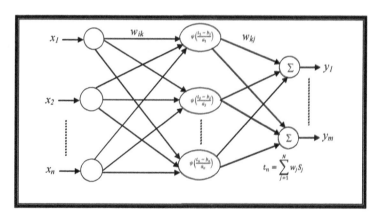

Figure 2.8: *Modèle1 de réseaux d'ondelettes*

b. Modèle2 de réseaux d'ondelettes

Dans ce deuxième modèle, l'entrée est un ensemble de paramètre t_l qui décrivent les positions ordonnées du signal à traiter. Les entrées ne sont pas des données proprement dites, mais seulement des valeurs décrivant des positions bien précises du signal. La couche cachée contient un ensemble de neurones, dans chaque neurone une ondelette translatée et dilatée. La couche de sortie contient un seul neurone qui somme les sorties de la couche cachée pondérées par les poids de connexion w_i. L'algorithme de la descente de gradient est utilisé pour faire l'apprentissage. Ce modèle, introduit pour la première fois par Zhang et Benveniste, est un cas particulier de l'architecture du modèle1 des réseaux d'ondelettes présenté au dessus [13].

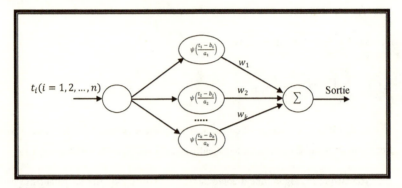

Figure 2.9: *Modèle2 de réseaux d'ondelettes*

2. Comparaison des réseaux d'ondelettes aux réseaux de neurones

La principale ressemblance entre ces deux réseaux réside au fait que les deux réseaux calculent une combinaison linéaire, de fonctions non linéaires dont la forme dépend de paramètres ajustables (dilatations et translations) de cette combinaison.

Mais la différence majeure est la nature des fonctions de transfert utilisées par les cellules cachées. Nous présentons dans ce qui suit quelques différences :

- Les ondelettes sont des fonctions qui décroissent rapidement, et tendent vers zéro dans toutes les directions de l'espace. Elles sont donc locales si a est petit.

- La forme de chaque ondelette unidimensionnelle est déterminée par deux paramètres ajustables (translation et dilatation) qui sont des paramètres structurels de l'ondelette.

- Chaque ondelette unidimensionnelle possède deux paramètres structurels, d'où pour chaque ondelette multidimensionnelle, le nombre de paramètres ajustables est le double du nombre de variables.

3. Techniques de construction des réseaux d'ondelettes

Différentes techniques ont été proposées pour construire des réseaux d'ondelettes, fondées sur la transformée discrète à partir de l'ensemble d'apprentissage.

Nous préciserons dans ce qui suit quelques unes ainsi que les avantages et les inconvénients de chacune d'elles [41].

a. Technique fondée sur l'analyse fréquentielle

Cette technique a été proposée par Y. C. Pati en 93. Elle repose sur l'estimation du spectre d'énergie de la fonction à approcher. Le domaine de fréquence contenant le spectre d'énergie étant connu (il est obtenu en calculant la transformée de Fourier de la fonction à approcher), ainsi que le domaine des amplitudes des variables d'entrées couvert par la séquence d'exemples, on peut alors déterminer les ondelettes correspondant à ce domaine amplitude-fréquence.

Cette technique présente l'avantage de tirer parti des propriétés de localité des ondelettes dans les domaines spatial et fréquentiel. En revanche, elles présentent un inconvénient majeur, notamment pour les modèles multivariables : le volume de calcul nécessaire à l'estimation du spectre de fréquence est très élevé.

b. Technique fondée sur la théorie des ondelettes orthogonales

Cette approche, utilisant des bases d'ondelettes orthogonales, a été proposée par J. Zhang en 95. Étant donné le domaine des amplitudes des entrées de l'ensemble d'apprentissage, on choisit les ondelettes ayant leurs centres à l'intérieur de ce domaine. Le nombre de dilatations différentes à considérer dépend de la performance désirée.

Cette technique présente l'avantage de mettre à profit la propriété d'orthogonalité des ondelettes.

En revanche, sa mise en œuvre est malaisée, car à l'exception du système de Haar, on ne connaît pas, à ce jour, d'expression analytique simple pour les ondelettes mères qui engendrent des familles de fonctions orthogonales. Cet inconvénient rend cette technique peu efficace.

c. Réseaux d'ondelettes pour un système adaptatif

Cette technique a été proposée par M. Cannon et J. E. Slotine en 95 pour la construction des réseaux d'ondelettes en vue de leur utilisation dans un système adaptatif de commande.

Une bibliothèque d'ondelettes est construite en considérant le domaine des valeurs des variables d'état du modèle. Le paramètre a, qui détermine l'échelle des dilatations, est estimé en utilisant le spectre d'énergie de la fonction à approcher.

Le réseau est constitué d'ondelettes de la bibliothèque sélectionnées et pondérées périodiquement. Les pondérations des ondelettes sont comparées à un seuil. Une fonction est gardée ou exclue du réseau suivant que sa pondération est supérieure ou inférieure à ce seuil.

Cette technique de construction de réseaux d'ondelettes présente l'inconvénient de nécessiter l'estimation du spectre d'énergie de la fonction à approcher.

d. Technique fondée sur la construction de frames

Étant donné les limites théoriques auxquelles on se heurte pour la construction des réseaux d'ondelettes orthogonales, A. Juditsky en 94 puis Q. Zhang en 97 ont utilisé des structures obliques (frames).

La question qui se pose alors est le choix des paramètres structurels de dilatation a et de translation b.

Pour éviter le calcul du spectre d'énergie de la fonction à approcher, la bibliothèque d'ondelettes est construite en utilisant l'*échantillonnage dyadique*[2] : *(a_0 =2 et b_0 = 1)*.

4. Domaines d'application des réseaux d'ondelettes

Plusieurs domaines sont touchés par les réseaux d'ondelettes, malgré qu'ils aient été récents : la compression d'images, la classification et la reconnaissance des formes y compris le visage humain, le traitement des signaux vocaux,...

Dans ce contexte, on peut citer les recherches de Daugman, qui a utilisé une décomposition sur une base de fonctions de Gabor pour la compression d'images 2D [13].

---

[2] Voir Chapitre 3 Page 52.

Les réseaux d'ondelettes sont utilisés aussi dans la localisation du trait facial. Cette technique utilise un réseau d'ondelettes hiérarchique à deux niveaux basé sur les ondelettes de Gabor. La construction d'une base de données contenant les réseaux d'ondelettes hiérarchiques de plusieurs visages permet aux traits d'être détectés dans la plupart des visages utilisés [40].

I. Boaventura et al. présentent une autre approche pour la détection du visage humain dans des images numériques. Deux techniques différentes sont combinées pour accomplir la tâche de détection de visages : la transformée en ondelettes discrètes est appliquée en se basant sur les fonctions Haar et Symlet. Un Perceptron multicouche est utilisé afin d'extraire les traits particuliers qui sont détectés [32].

Ces travaux ont motivé les applications des réseaux d'ondelettes à des problèmes de classification et autres. Les derniers résultats atteints plaident en faveur d'une implémentation de réseaux d'ondelettes dont les coefficients sont obtenus par apprentissage.

Conclusion

Dans ce chapitre, nous avons effectué une étude de la théorie des ondelettes : les concepts de base, les caractéristiques d'une ondelette mère, les ondelettes unidimensionnelles et multidimensionnelles, ainsi que la transformée en ondelettes continue et discrète.

Dans la seconde partie, nous avons fait un survol sur les réseaux de neurones, ses principales caractéristiques et les différentes architectures utilisées.

La dernière partie a été sacrifiée aux réseaux d'ondelettes : les modèles utilisés, leurs avantages et leurs domaines d'application.

Nous profitons, dans ce sujet, des avantages des réseaux de neurones et de la capacité des ondelettes au traitement du signal pour présenter, dans le chapitre suivant, une nouvelle approche de détection de visages utilisant les réseaux d'ondelettes Bêta et basée sur la théorie des frames.

Chapitre 3

Approche proposée pour la détection de visages par réseaux d'ondelettes Bêta

Approche proposée pour la détection de visages par réseaux d'ondelettes Bêta

Introduction

Dans ce chapitre, nous commençons par une étude de la fonction Bêta et les ondelettes unidimensionnelles *Bêta1D* et bidimensionnelles *Bêta2D* ainsi que leurs dérivées. Ensuite, nous détaillons la phase d'apprentissage des réseaux d'ondelettes Bêta basée sur la théorie des frames. Enfin, nous présentons notre approche de détection de visages humains par réseaux d'ondelettes.

I.   Étude de l'ondelette Bêta

1. Présentation de l'ondelette Bêta

a. L'ondelette Bêta1D

L'ondelette *Bêta1D* est générée à partir de la fonction *Bêta* : $\beta(x) = \beta_{x_0, x_1, p, q}(x)$

$$\beta(x) = \begin{cases} \left(\dfrac{x - x_0}{x_c - x_0}\right)^p * \left(\dfrac{x_1 - x}{x_1 - x_c}\right)^q & si \ x \ \in \ ]x_0, x_1[\\ \\ 0 & sinon \end{cases} \tag{3.1}$$

$$Avec \quad p, q, x0 < x1 \in \mathbb{R} \qquad et \ x_c = \frac{(px_1 + qx_0)}{(p + q)}$$

b. Propriétés de base de la fonction Bêta

$$\frac{p}{q} = \frac{x_c - x_0}{x_1 - x_c} \tag{3.2}$$

$$\beta(x_0) = \beta(x_1) = 0 \tag{3.3}$$

$$\beta(x_c) = 1 \tag{3.4}$$

$$\frac{d\beta(x_c)}{dx} = \frac{d\beta(x_0)}{dx} = \frac{d\beta(x_1)}{dx} = 0 \tag{3.5}$$

Remarque : La fonction Bêta peut être considérée comme une fonction linéaire de x si on prend :

$$\begin{cases} p = 1 \ et \ q = 0 \\ \quad ou \\ p = 0 \ et \ q = 1 \end{cases}$$

La fonction Bêta satisfait toutes les propriétés d'une ondelette mère précisées dans le chapitre précédent [13]:

- L'admissibilité,

- La localisation,

- L'oscillation,

- La dilatation et la translation.

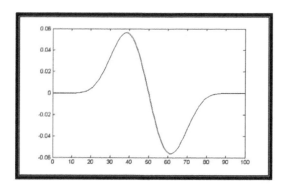

Figure 3.1: *Exemple de l'ondelette Bêta1D*

Il est à noter que sous certaines conditions, toutes les dérivées de la fonction Bêta sont des ondelettes [49]:

Sachant que p>0, q>0 (p, q) $\in \mathbb{Z}$, Si p = q, pour tout n $\in \mathbb{N}$ et quelque soit 0 < n < p, La fonction $\psi_n(x)$, la dérivée $n^{ième}$ de la fonction Bêta, est une ondelette.

$$\psi_n(x) = \frac{d^n \beta(x)}{dx^n} \qquad (3.6)$$

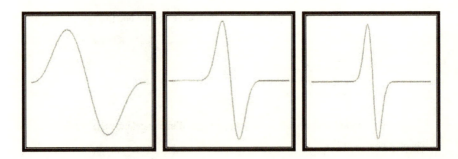

Figure 3.2: *Exemples de la dérivée première de l'ondelette Bêta1D*

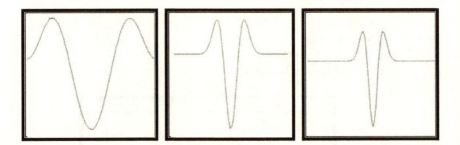

Figure 3.3 : *Exemples de la dérivée seconde de l'ondelette Bêta1D*

c. L'ondelette Bêta2D

Comme toute ondelette multidimensionnelle, une ondelette Bêta2D (ondelette bidimensionnelle) est séparable. Son expression est le produit de deux ondelettes unidimensionnelles.

$$\beta(x,y) = \beta(x) * \beta(y) \tag{3.7}$$

Une ondelette Bêta2D doit vérifier les propriétés d'une ondelette mère. La dilatation et la translation sont présentes sur les deux axes (x,y). La propriété de rotation s'y ajoute pour qu'elle tourne avec un angle ϕ. L'équation d'une ondelette bidimensionnelle :

$$\psi_{a,b_x,b_y,\phi}(x,y) = \frac{1}{\sqrt{|a|}}\psi\left(R_\phi\left(\frac{x-b_x}{a}\right), R_\phi\left(\frac{y-b_y}{a}\right)\right) \tag{3.8}$$

Avec la rotation : $R_\phi = \begin{pmatrix} cos\phi & -sin\phi \\ sin\phi & cos\phi \end{pmatrix}$

Dans ce cas, la transformée en ondelettes continue d'une fonction f bidimensionnelle est :

$$w(a, b_x, b_y, \phi) = \frac{1}{\sqrt{|a|}} \iint f(x, y)\psi_\phi \left(\frac{x - b_x}{a}, \frac{y - b_y}{a} \right) dxdy \qquad (3.9)$$

La reconstitution de la fonction f reste possible si l'ondelette est admissible.

Nous présentons ci-dessous un exemple d'ondelettes Bêta bidimensionnelles et ses deux dérivées première et seconde :

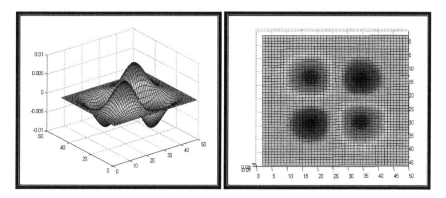

Figure 3.4: *l'ondelette Bêta2D et le filtre associé*

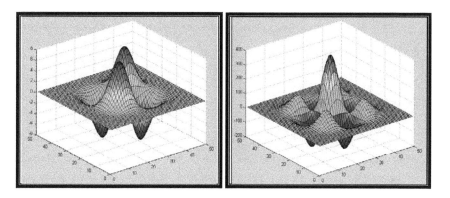

Figure 3.5: *Exemples de la dérivée 1ère & 2ème de l'ondelette Bêta2D*

2. Les frames

En remplaçant la double somme de l'expression (2.17) de la transformée en ondelettes discrètes par une seule somme, la fonction f peut être exprimée par :

$$f(x) = \sum_i (w_i \psi_i) \tag{3.10}$$

D'après Daubechies, cette relation n'est valide que si la famille d'ondelettes, obtenue lors de la discrétisation, forme une base orthogonale. Pour un cas plus général (cas des bases quelconques), des concepts comme les frames et les frames duales ont besoin d'être introduits pour pouvoir écrire un signal donné en termes des coefficients d'ondelettes.

Soit $\psi \in L^2(\mathbb{R})$ une ondelette, S un échantillonnage sur une grille et $B_\psi = \{\psi_{a,b} \mid (a,b) \in S\}$, une famille discrète d'ondelettes. On dit que B_ψ forme une frame, s'il existe $A > 0$ et $B < \infty$ tel que pour tout $f \in L^2(\mathbb{R})$:

$$A \int_{-\infty}^{+\infty} |f(x)|^2 dx \leq \sum_{(a,b) \in S} \left| \psi_{a,b}, f \right|^2 \leq B \int_{-\infty}^{+\infty} |f(x)|^2 dx \tag{3.11}$$

Où A et B représentent les limites de la frame.

Quand une famille d'ondelettes discrètes forme une frame, elle fournit une représentation complète et sans perte de toute fonction $f \in L^2(\mathbb{R})$ [13].

Pour fournir plus de détails, nous introduisons d'autres termes: B_ψ est dite orthogonale si pour toute $\psi_i, \psi_j \in B_\psi$:

$$\langle \psi_i, \psi_j \rangle = \delta_{i,j} = \begin{cases} 1, si \ i = j \\ 0, si \ i \neq j \end{cases} \tag{3.12}$$

Une frame est dite *base* si pour toute fonction f de L^2, la combinaison linéaire (3.8) soit unique. Une famille d'ondelettes qui est à la fois orthogonale et base, s'appelle *base orthogonale*. En général, une frame n'est pas une base orthogonale sauf si $A = B = 1$. Aussi, elle fournit une représentation redondante de la fonction f. Le rapport *(A / B)* est appelé *facteur de redondance*.

Pour d'autres valeurs de A et B, cette représentation reste valable, B_ψ n'est plus une base orthogonale mais une base dite *biorthogonale*. En plus, si la représentation de f en combinaison linéaire d'ondelettes n'est plus unique, la famille B_ψ est une frame. Dans ces deux derniers cas on est mené à écrire f en fonction de la *frame duale* :

$$\tilde{B}_\psi = \{\tilde{\psi}_{a,b} | (a,b) \in S\} \tag{3.13}$$

$$f(t) = \sum_{(a,b)\in S} \langle \tilde{\psi}_{a,b}, f \rangle \, \psi_{a,b}(t) = \sum_{(a,b)\in S} \langle \psi_{a,b}, f \rangle \, \tilde{\psi}_{a,b}(t) \tag{3.14}$$

Si la fonction ψ est l'ondelette analysante, les coefficients d'ondelettes sont obtenus par le calcul du produit scalaire de cette ondelette dilatée et translatée et la fonction à analyser. L'ondelette duale est utilisée pour la reconstruction (l'inverse est aussi vrai). Pour une famille d'ondelettes orthogonales une ondelette est égale à sa duale.

On peut calculer les coefficients d'ondelettes w_i par une projection orthogonale du signal f à analyser sur la base orthogonale des ondelettes analysantes. Pour le cas d'une base biorthogonale ou une frame la projection du signal f se fait sur une frame duale [13].

La formule suivante permet de calculer la famille duale des ondelettes Bêta :

$$\tilde{\psi}_i = \sum_{j=1}^{N} (\psi_{i,j})^{-1} \psi_j \qquad Avec : \psi_{i,j} = \langle \psi_i, \psi_j \rangle \tag{3.15}$$

Essayons de représenter les ondelettes par des vecteurs. On peut illustrer les trois bases possibles qui peuvent être reconstruites avec une famille d'ondelettes.

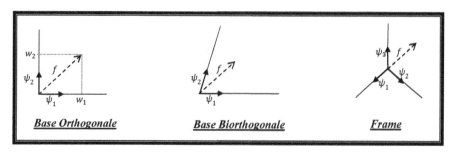

Figure 3.6: *Représentation des bases orthogonale, biorthogonale et frame.*

II. Principe de l'apprentissage des réseaux d'ondelettes

La phase d'apprentissage inclut la procédure de construction d'une bibliothèque d'ondelettes candidates à être utiliser dans la couche cachée de notre réseau. Nous détaillerons, dans ce qui suit, la manière de leurs sélections, puis nous expliquerons les étapes d'optimisation de ce réseau.

1. Construction de d'une bibliothèque d'ondelettes pour le réseau

Pour obtenir une frame, une discrétisation des paramètres de dilatation a et translation b est nécessaire. La transformée en ondelettes discrète peut être mise en œuvre sur des valeurs discrètes de ces deux derniers paramètres. En exploitant la transformée inverse en ondelettes discrètes (3.12), qui peut être interprétée comme la sortie d'un réseau d'ondelettes, nous pouvons construire notre bibliothèque d'ondelettes.

Les coefficients a et b sont calculés par la formule :

$$a = a_0{}^m, b = nb_0a_0{}^m \qquad avec \ \ a > 1 \ et \ b > 0 \qquad\qquad (3.16)$$

Remarque : Pour $a_0 = 2 \ et \ b_0 = 1$, on parle d'un échantillonnage *dyadique*.

Les ondelettes résultant de l'échantillonnage temps-fréquence vont constituer la bibliothèque des ondelettes candidates à joindre notre réseau d'ondelettes.

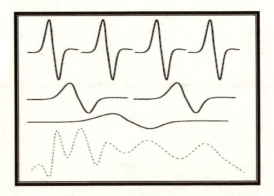

Figure 3.7: *Les sept premières ondelettes*
de la bibliothèque et un signal à analyser [13]

2. Optimisation du réseau

Pour optimiser un réseau d'ondelettes, l'échantillonnage dyadique sera utilisé pour sa simplicité. Ce qui va produire une ondelette ayant la décroissance la moins rapide dans la première échelle. Le nombre d'ondelettes sera multiplié par deux à chaque fois qu'on passe à l'échelle suivante.

Les ondelettes d'une même échelle se différent seulement par leurs positions (paramètre de translation) et elles sont réparties sur l'axe de temps pour couvrir la quasi-totalité du signal à analyser.

En fait, avec les ondelettes de basses fréquences, on peut atteindre une approximation acceptable du signal, les autres ondelettes de hautes fréquences, qui sont les plus nombreuses, se servent juste pour affiner cette approximation.

Pour calculer le nombre d'ondelettes introduites dans la bibliothèque, il faut calculer le nombre d'ondelettes sur l'échelle dyadique de l'espace temps-fréquence.

Sachant que les échelles sont des puissances de *2* et *N* représente la taille du signal à approximer, le nombre d'échelles nécessaires pour couvrir tout le signal : $j = log_2(N)$

Le nombre d'ondelettes, à chaque échelle *m* donnée, est égal à 2^{j-m} ondelettes translatées. Le nombre total d'ondelettes sera donc : $1 + 2 + 2^2 + ... + 2^{j-1} = 2^j - 1 = N - 1$.

Malgré que ce nombre d'ondelettes paraisse assez important, le nombre effectif d'ondelettes utilisées sera beaucoup plus réduit, puisque une seule ondelette sera suffisante pour interpoler plus qu'un échantillon du signal à analyser.

a. Calcul direct des poids

Pour des ondelettes orthogonales, le calcul des poids de connexion à chaque étape est possible par projection du signal à analyser sur la même famille d'ondelettes. Mais, pour une famille d'ondelettes quelconque, il n'est pas possible de calculer les poids par projection directe de la fonction *f* sur la même base. Une solution consiste à utiliser les ondelettes duales.

Deux familles d'ondelettes ψ et $\tilde{\psi}$ sont dites *biorthogonales*, si pour toutes *i* et *j* on a :

$$\langle \psi_i, \tilde{\psi}_i \rangle = \delta_{i,j} \tag{3.17}$$

L'ondelette ψ est dite primale alors que l'ondelette $\tilde{\psi}$ est dite *duale*.

Si $\psi = \tilde{\psi}$, la famille ψ constitue une *base orthogonale*.

L'utilisation des ondelettes biorthogonales permet le calcul direct des poids de connexion du réseau d'ondelettes :

Soit f un signal, ψ_i une famille d'ondelettes qui forme une frame et $\tilde{\psi}_i$ la famille d'ondelettes duales alors il existe des poids w_i vérifiant la relation (3.10).

Le poids, dans ce cas, peut être calculé en exploitant l'ondelette duale :

$$w_i = \langle f, \tilde{\psi}_i \rangle \tag{3.18}$$

b. Algorithme d'optimisation

Pour plus de détails, on définit la fonction $D = f - \hat{f}$, avec f la fonction à approximer et $\hat{f}$ la sortie du réseau. Au début du processus d'optimisation $\hat{f} = 0$ et $D = f$. Sur la première échelle dyadique qui contient une seule ondelette analysante (celle de la fréquence la plus basse), le poids de la première connexion est calculé par $w_1 = \langle \tilde{\psi}_1, f \rangle$, la sortie du réseau est alors $\hat{f} = w_1 \psi_1$. L'ondelette suivante sur l'échantillonnage qui constitue une base avec toutes les ondelettes du réseau, qui l'ont précédé, va s'ajouter à la couche cachée de ce dernier. Ce processus s'arrête lorsque l'erreur atteint un seuil fixée d'avance.

Toutes les ondelettes de la bibliothèque doivent vérifier la condition de l'indépendance linéaire :

• Dans le cas d'une famille d'ondelettes orthogonales ou biorthogonales, elles sont linéairement indépendantes.

• Dans le cas d'une frame (famille d'ondelettes ne formant pas une base), les ondelettes, qui ne vérifient pas l'indépendance linéaire et qui forment une frame avec les anciennes ondelettes du réseau, ne seront pas totalement rejetées. Chaque ondelette qui dépend d'une ou plusieurs de ses précédentes ne sera pas introduite dans le réseau, mais elle améliore les poids des ondelettes du réseau dont elle dépend.

La sortie du réseau est alors calculée en fonction des ondelettes qui sont linéairement indépendantes par projection du signal d'entrée sur la famille duale de toutes ces ondelettes.

3. Apprentissage des réseaux d'ondelettes 2D

La fonction d'activation choisie pour l'analyse du signal est la fonction bidimensionnelle Bêta2D. On rappelle qu'une ondelette bidimensionnelle est le produit de deux ondelettes unidimensionnelles : $\psi_{x,y} = \langle \psi_x, \psi_y \rangle$ (3.7).

La discrétisation de cette ondelette pour analyser des signaux discrets, conserve les mêmes paramètres d'échantillonnage des translations et des dilatations proposés pour le cas unidimensionnel (3.16).

En ajoutant l'angle ϕ de rotation tel que : $\phi = l_{\phi_0}$ $avec$ $\phi_0 > 0\ et\ l \in \mathbb{N}$, la discrétisation et la transformée inverse en ondelettes discrètes restent vraies pour les ondelettes bidimensionnelles en remplaçant la fonction intégrale par la fonction somme.

Un réseau d'ondelettes bidimensionnelles possède la même structure qu'un réseau d'ondelettes unidimensionnelles, sauf que chaque neurone a deux entrées caractérisant les coordonnées spatiales des échantillons du signal à approximer.

Dans le cas d'un signal 2D, l'échantillonnage dyadique des paramètres de dilatation, de translation et de rotation de la transformée 2D en ondelettes continues est utilisée. Le résultat est une base d'ondelettes constituant une frame 2D, commençant par une échelle contenant une seule ondelette centrée exactement au milieu, puis à chaque échelle le nombre d'ondelettes sera multiplié par quatre.

Les ondelettes doivent être reparties sur le support du signal d'une manière uniforme.

Une fois la base d'ondelettes bidimensionnelles candidates à joindre le réseau est construite, un algorithme d'apprentissage sera appliqué. De même, les ondelettes de la base ne seront pas toutes utilisées comme filtres d'approximation puisque quelques unes seront exploitées pour améliorer les poids de connexions du réseau.

III. Approche proposée pour la détection de visages

Notre travail consiste à déterminer, pour une image d'entrée quelconque, la présence ou non d'un ou de plusieurs visages.

Dans le cas de détection, les visages seront repérés dans l'image par des carrés à travers leurs coordonnées.

1. Architecture des réseaux d'ondelettes Bêta2D utilisée

Nous proposons une architecture qui comporte trois couches de cellules: une couche d'entrées, une couche cachées et une couche de sortie. Les cellules d'une couche sont connectées à toutes les cellules de la couche suivante, et à celles-ci uniquement. La propagation des valeurs se fait dans le sens *'feedforward'*, c'est-à-dire des cellules d'entrées vers les cellules de sorties.

Comme pour le modele2 de réseaux d'ondelettes[3], Les entrées seront des valeurs décrivant des positions bien précises du signal (image).

La couche de sortie contient une seule ondelette qui calcule la somme des sorties de la couche cachée pondérées par les poids de connexion w_i.

La sortie sera l'image d'entrée avec un marquage de tous les visages détectés par le réseau.

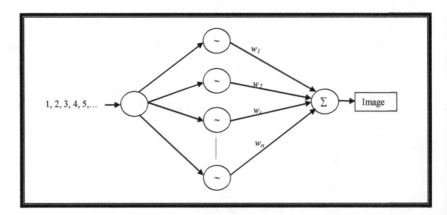

Figure 3.8: *Architecture de l'approche proposée*

---

[3] Voir Chapitre2 Page 41.

2. Démarche d'apprentissage basé sur la théorie des frames

L'apprentissage consiste à présenter les images réservées pour cette phase aux entrées des réseaux. Les images d'apprentissage doivent être de même dimension et appartenant à l'une de deux classes : Visage ou Non-Visage. On aura, dans ce cas, un réseau par image.

Chaque image d'apprentissage sera réinjectée dans le réseau et on calculera la valeur de son PSNR (Peak Signal Noise Ratio) en appliquant la formule :

$$PSNR = 10 * log_{10}\left(\frac{(2^R - 1)^2}{EQM}\right) \tag{3.19}$$

Avec R est le nombre de bits avec lequel un pixel est codé. Par exemple, si les images sont de 256 niveaux de gris, alors R sera égal à $log_2(256) = 8$.

Avec EQM est l'erreur quadratique moyenne, c'est la métrique qui mesure la distorsion dans une image. Elle est exprimée par la formule suivante :

$$EQM = \frac{1}{M * N}\sqrt{\sum_{i=1}^{N}\sum_{j=1}^{M}\left(A(i,j) - B(i,j)\right)^2} \tag{3.20}$$

Avec M et N représentent les dimensions de l'image.

La condition d'arrêt d'un processus d'apprentissage sera l'arrivée de l'indice PSNR à un seuil satisfaisant fixé d'avance.

Les paramètres de chaque image d'apprentissage (dilatation, translation, rotation,…) seront sauvegardés pour être exploités dans la phase de détection *(Figure 3.9)*.

Le réseau doit être entraîné d'une manière correcte, lors de la phase d'apprentissage, pour donner des bons résultats dans la phase de détection :

- Nombre d'images dans la base d'apprentissage doit être satisfaisant,

- Diversification des images en termes de sexe, couleur, éclairage, orientation,…

Une fois le réseau est entraîné dans la phase d'apprentissage, il doit être prêt à recevoir les images de test qu'on lui présente.

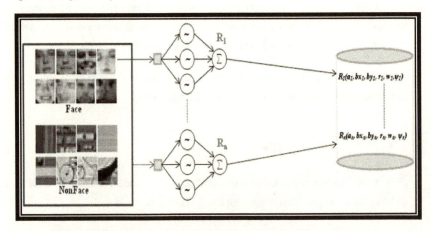

Figure 3.9: *Modèle illustrant la démarche d'apprentissage adoptée.*

3. Démarche de détection de visages par réseaux d'ondelettes Bêta2D

Dans cette phase de détection, les images de test ne doivent absolument pas être choisies parmi les images de l'apprentissage, mais d'autres bases d'images doivent être réservées aux tests.

Chaque image de test présentée à l'entrée du réseau, est explorée avec une fenêtre possédant les dimensions des images d'apprentissage. L'imagette extraite est mise à l'entrée de chacun des réseaux d'apprentissage ayant un poids W_i.

Les poids de chaque réseau sont recalculés en projetant l'imagette sur la base duale formée par les ondelettes du réseau, pour obtenir des nouveaux poids V_i qui sont comparés au poids d'origine W_i en calculant la Distance Euclidienne *DE* (3.21).

Pour comparer deux réseaux d'ondelettes la Distance Euclidienne est calculée par la formule suivante [13] :

$$DE = \sqrt{\int \left(\sum_{i=1}^{N} V_i \, \psi_i(x) - \sum_{j=1}^{N} W_j \, \psi_j(x) \right)^2 dx} \qquad (3.21)$$

Quelques transformations algébriques donnent :

$$\sqrt{\int \left(\sum_{i=1}^{N} V_i\, \psi_i(x) - \sum_{j=1}^{N} W_j\, \psi_j(x) \right)^2 dx}$$

$$= \sqrt{\int \left(\sum_{i=1}^{N} \Delta_i\, \psi_i(x) \right)^2 dx} \qquad\qquad avec:\ \Delta_i = (V_i - W_i)$$

$$= \sqrt{\int \left(\sum_{i=1}^{N} \sum_{j=1}^{N} \Delta_i \Delta_j\, \psi_i(x)\psi_j(x) \right) dx}$$

$$= \sqrt{\sum_{i,j}^{N} \Delta_i \Delta_j < \psi_i(x), \psi_j(x) >}$$

La Distance Euclidienne entre deux réseaux de mêmes fonctions ondelettes se fait simplement en calculant le vecteur de différence entre les deux poids des deux réseaux d'ondelettes. *DE* peut être écrite comme suit :

$$DE = \sqrt{\Delta^t (\Psi_{i,j}) \Delta} \tag{3.22}$$

$$Avec \begin{cases} \Psi_{i,j} = < \psi_i(x), \psi_j(x) > \\ \Delta = (\Delta_1 \dots \Delta_N)^t \\ \Delta^t = transposée\ de\ \Delta \end{cases}$$

Si le réseau ayant la distance minimale (D_{min}) appartient à la classe Visage, l'imagette comporte un visage, sinon, c'est la classe Non-Visage, et il s'agit d'un autre objet.

Apres avoir exploré toute l'image, on réduit sa résolution grâce à la technique de la multirésolution et on reprend la même démarche jusqu'à ce que la taille de l'image soit strictement inférieure à la taille de la fenêtre utilisée pour l'apprentissage.

Le choix des valeurs du Pas de translation de la fenêtre sur l'image et son taux de résolution est un critère déterminant pour la qualité des résultats de détection retournés.

Les images de test sont des images quelconques comportant ou non des visages. Elles seront utilisées par le réseau en appliquant les étapes suivantes :

1) *Parcourir l'image de test présentée à l'entrée du réseau, avec une fenêtre possédant les dimensions des images d'apprentissage.*

2) *Chaque imagette extraite sera mise à l'entrée de chaque réseau d'apprentissage de poids W_i.*

3) *Recalculer les poids de chaque réseau en projetant l'imagette sur la base duale formée par les ondelettes du réseau pour obtenir des nouveaux poids V_i.*

4) *Comparer chaque réseau de poids V_i à son origine de poids W_i en calculant la distance Euclidienne D.*

5) *Chercher la distance minimale séparant le réseau à son origine (D_{min}).*

6) *Voir si le réseau de distance minimale appartient à la classe "Visage" ou à la classe "Non-Visage".*

7) *Réduire la résolution de l'image grâce à la technique de la multirésolution en changeant l'échelle.*

8) *Répéter les étapes (1→7) jusqu'à ce que la taille de l'image soit inférieure à la taille de la fenêtre utilisée pour l'apprentissage.*

9) *Rétablir l'image avec sa taille originale en précisant tous les visages détectés.*

Les étapes de cette démarche, présentées ci-dessus, peuvent être résumées dans la figure suivante :

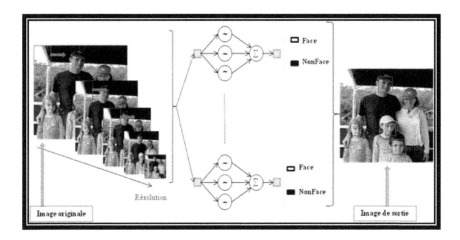

Figure 3.10: *Modèle illustrant la démarche de détection adoptée.*

Conclusion

Ce chapitre nous a permis de présenter, dans une première partie, les ondelettes, unidimensionnelles et bidimensionnelles, générées à partir de la fonction Bêta, ainsi que la notion de frames.

Ensuite, dans la deuxième partie, nous avons détaillé la phase d'apprentissage des réseaux d'ondelettes en expliquant ses étapes : la construction de la bibliothèque d'ondelettes, le calcul des poids et leur optimisation ainsi que le processus d'apprentissage dans un réseau d'ondelettes 2D.

Dans la troisième section, nous avons présenté notre approche pour la détection de visages. Dans cette partie, nous avons introduit l'architecture des réseaux d'ondelettes proposée, ainsi que la démarche proposée pour l'apprentissage que pour la détection de visages.

Dans le chapitre suivant, nous détaillerons l'implémentation de cette approche de détection de visages, et nous montrerons ses performances.

Chapitre 4

Expérimentation

&

résultats

Expérimentation & résultats

Introduction

Dans ce chapitre, nous présentons la mise en œuvre de la méthode proposée et de la démarche présentée dans ce mémoire pour la détection de visages.

Il est primordial de valider l'approche choisie sur un ensemble de données relativement volumineux. Ainsi, l'ensemble d'images utilisées propose une gamme à diverses conditions (visage, non-visage, plusieurs visages, grimaces, éclairage,...).

Dans une première partie, nous exposons l'implémentation de notre application et les résultats expérimentaux de détection de visages par réseaux d'ondelettes Bêta. Ensuite, une évaluation objective des performances de ces réseaux d'ondelettes Bêta est effectuée en se basant sur certains critères de mesure. La dernière partie est réservée pour l'analyse et l'interprétation des résultats et des indices de performances calculés.

I. Implémentation des réseaux d'ondelettes Bêta

1. Application

L'application a été développée sous « *MS Windows Vista*» à l'aide du logiciel *MATLAB7.0.4. (Figure 4.1)*

La démarche consiste à générer toutes les ondelettes à partir de l'ondelette mère par modification des paramètres de dilatation et de translation. Ces ondelettes seront pivotées à plusieurs ongles (par exemple : 3 * 120°), pour mieux approximer l'image d'entrée, avant d'être stockées dans une base d'ondelettes (matrice).

A chaque étape, une ondelette duale sera construite à partir des ondelettes précédentes à une échelle plus basse. Le poids de chaque ondelette sera recalculé et ajusté.

Enfin, à partir de la base d'ondelettes et des poids ajustés, un signal de sortie sera généré.

Il est à noter que les ondelettes de la base ne seront pas toutes exploitées : Certaines d'entre elles seront utilisées par le réseau, mais les autres seront exploitées pour optimiser les poids.

Pendant la phase d'apprentissage du réseau, une image de taille 15*15 sera remise à l'entrée de chaque réseau, l'algorithme d'apprentissage sera tourné. Une erreur (EQM) mesurant la distorsion entre l'entrée du réseau et sa sortie sera calculée et l'indice de performances PSNR sera mesuré pour définir un seuil à partir duquel on peut exiger si l'image d'entrée est un visage ou non. Deux classes d'images seront définies : classe Visage et classe Non-Visage.

Dans la phase de détection, l'image de test sera parcourue par une fenêtre ayant la même taille que les images d'apprentissage (15*15).

L'imagette extraite sera remise dans les différents réseaux en calculant la Distance Euclidienne qui la sépare des images d'apprentissage. On vérifie ensuite si la DE la plus proche (DE$_{min}$) appartient à la classe Visage ou à la classe Non-Visage. Une fois que l'image de test est totalement parcourue, on changera sa résolution et on reprendra la comparaison...

Pour illustrer cette approche, nous avons développé une interface graphique présentée ci-dessous.

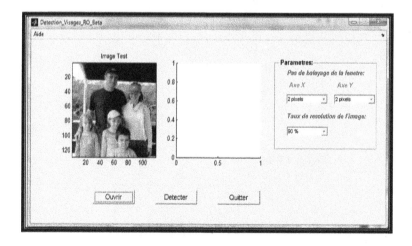

Figure 4.1: *Interface de l'application de détection de visages développée*

Nous présentons, aussi, quelques images représentant les principales fonctionnalités assurées par notre application.

Figure 4.2: *Interface d'insertion d'une nouvelle image de test*

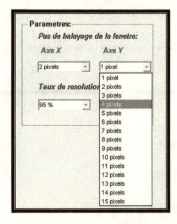

Figure 4.3: *Interface d'ajustement des paramètres de la détection*

Figure 4.4: *Interface représentant le menu d'aide*

2. Résultats expérimentaux

Deux étapes sont indispensables pour faire fonctionner l'application : phase d'apprentissage et phase de détection.

a. L'apprentissage

Dans cette phase nous exploitons une base d'images contenant 200 exemples. Chaque exemple est une image de taille 15*15 pixels appartenant à l'une de deux classes Visage ou Non-Visage.

Pour un meilleur apprentissage :

- Pour la classe Visage, on trouve des images à diverses conditions : images en couleurs ou en niveau de gris, images claires ou sombres, visage avec des yeux fermés ou ouverts, visage avec ou sans lunettes, visage avec ou sans barbe et/ou moustache,... *(Figure4.5)*

- Pour la classe Non-Visage, on trouve des images contenant des parties d'un visage, des parties du corps humain possédant la couleur de visage, des images dont la couleur est proche de la couleur de peau... *(Figure 4.6)*.

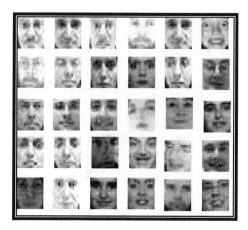

Figure 4.5: *Exemples d'images d'apprentissage de la classe Visage*

Figure 4.6: *Exemples d'images d'apprentissage de la classe Non-Visage*

Dans le tableau suivant, nous présentons les PSNR calculés pour quelques images d'apprentissage *(Tableau 4.1)*

N° de l'image	Classe de l'image	PSNR	N° de l'image	Classe de l'image	PSNR
01	Visage	45,679	21	Non-Visage	45,276
02	Visage	45,512	22	Non-Visage	48,397
03	Visage	45,904	23	Non-Visage	46,944
04	Visage	45,765	24	Non-Visage	46,992
05	Visage	46,101	25	Non-Visage	45,697
06	Visage	46,046	26	Non-Visage	49,499
07	Visage	45,426	27	Non-Visage	47,403
08	Visage	46,354	28	Non-Visage	47,002
09	Visage	46,095	29	Non-Visage	48,349
10	Visage	46,176	30	Non-Visage	50,454
11	Visage	44,955	31	Non-Visage	45,568
12	Visage	46,382	32	Non-Visage	47,970
13	Visage	50,241	33	Non-Visage	48,055
14	Visage	47,347	34	Non-Visage	49,583
15	Visage	47,053	35	Non-Visage	47,199
16	Visage	45,702	36	Non-Visage	46,722
17	Visage	45,763	37	Non-Visage	47,616
18	Visage	47,995	38	Non-Visage	47,120
19	Visage	48,761	39	Non-Visage	47,397
20	Visage	46,750	40	Non-Visage	51,017

Tableau 4.1: *Les valeurs du PSNR de la classe Visage et de la classe Non-Visage*

D'après le tableau précédent on remarque un chevauchement des valeurs du *PSNR* dans l'intervalle [44.955 , 51.017]. Donc le choix du seuil est fixé à la valeur **45**.

b. La détection

Dans cette phase de test, les images utilisées possèdent différentes caractéristiques : taille de l'image, sa résolution, avec ou sans couleurs,... pour assurer une meilleure évaluation du système développé. Certaines de ces images contiennent un seul visage, d'autres contiennent plusieurs visages à diverses positions et tailles.

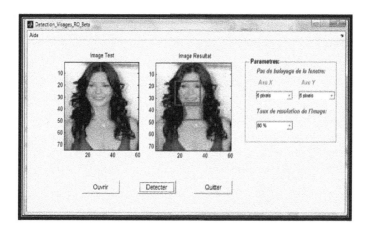

Figure 4.7: *Application de détection de visages sur une image à un seul visage*

A la fin de cette phase de détection, il faut rétablir l'image à sa taille originale en précisant tous les visages détectés.

Voici quelques images de test retournées par notre système après détection de visages :

Figure 4.8 : *Exemples de détection dans une image contenant un seul visage*

Figure 4.9 : *Exemple de détection dans une image contenant plusieurs visages*

II. Mesure des performances

Pour mieux évaluer l'approche proposée pour la détection de visages, nous proposons quelques indices de mesure (Taux de détection et Taux de mauvaise détection) permettant d'apprécier les résultats trouvés. Quelques images de test seront utilisées, en appliquant l'algorithme proposé, ensuite nous essayons d'interpréter les indices trouvés.

1. Critères de performance

a. Taux de détection

Cette valeur permet de calculer le pourcentage des bonnes détections de visages dans une image. Elle est donnée par l'expression (4.1). Plus la valeur de cette expression est élevée, plus l'approche proposée est efficace (performante).

$$Taux\ de\ détection = \frac{nombre\ de\ visages\ détectés}{nombre\ total\ de\ visages\ dans\ l'image} \qquad (4.1)$$

b. Taux de mauvaise détection

Cette valeur permet de calculer le pourcentage des mauvaises détections, c'est-à-dire que la partie localisée dans l'image n'est pas un visage. Elle est donnée par l'expression (4.2). Plus la valeur de cette expression est réduite, plus l'approche proposée est efficace.

$$Taux\ de\ mauvaise\ détection = \frac{nombre\ de\ mauvaises\ détections}{nombre\ total\ de\ détections\ dans\ l'image} \qquad (4.2)$$

2. Évaluation des résultats

L'application de deux critères de performance exprimés précédemment sur quelques images de test, comportant un ou plusieurs visages, a permis d'avoir les résultats donnés dans les tableaux ci-dessous en fonction de PSNR par rapport au seuil prédéfini *(Seuil = 45)*:

a. Calcul de performances de l'approche proposée

	Détection de visages par réseaux d'ondelettes Bêta	
	Taux de détection	*Taux de mauvaise détection*
Image de test 1	100%	0%
Image de test 2	100%	0%
Image de test 3	100%	50%
Image de test 4	100%	33.33%
Image de test 5	75%	25%

Tableau 4.2 : *Calcul de performances de l'approche proposée*

b. Calcul de performances en fonction du PSNR

	Détection de visages par réseaux d'ondelettes Bêta					
	PSNR < seuil (43)		*PSNR = seuil (45)*		*PSNR > seuil (47)*	
	Taux de détection	*Taux de mauvaise détection*	*Taux de détection*	*Taux de mauvaise détection*	*Taux de détection*	*Taux de mauvaise détection*
Image de test 1	100%	66,67%	100%	0%	100%	0%
Image de test 2	100%	50%	100%	0%	0%	-
Image de test 3	100%	66,67%	100%	50%	100%	50%
Image de test 4	100%	75%	100%	33.33%	50%	0%
Image de test 5	50%	57,14%	75%	25%	25%	0%

Tableau 4.3 : *Calcul de performances de l'approche proposée avec PSNR*

III. Interprétation et discussion

Les résultats ont montré que les performances des réseaux d'ondelettes exploitant la théorie des frames, présentent des caractéristiques intéressantes dans le domaine de la détection de visages dans une image.

Pour les images contenant un nombre réduit de visages, le taux de détection peut atteindre un pourcentage de 100% avec un taux faible de mauvaise détection voir même un pourcentage de 0% pour certains cas d'un seul visage.

Pour les images contenant un nombre important de visages le taux de détection décroît et le taux de mauvaise détection augmente mais avec un taux faible.

En effet, les résultats de la détection ont montré aussi que le taux de détection décroît avec le nombre de visages dans une image, allant de 100% pour un nombre de visages inferieur ou égale à 2, jusqu'à la valeur de 75% pour les images dont le nombre de visages dépasse 3. De même, on remarque que le taux de mauvaise détection augmente en fonction de la complexité de l'image (Nombre de visage, Éclairage, Qualité de l'image, ...).

Le nombre de visage dans l'image est un facteur ayant son poids sur le taux de détection et le taux de mauvaise détection. Mais, le nombre de visages n'est pas le seul facteur qui influe sur l'efficacité de l'approche dans la détection. La qualité de l'image, aussi, joue un rôle très important, ainsi que sa résolution...

Nous avons fixé le seuil du PSNR à 45, c'est la valeur optimale pour que les réseaux d'ondelettes, exploités dans cette approche, convergent et donnent des résultats satisfaisants.

En effet, nous avons effectué différents essais en utilisant une valeur inférieure au seuil *(seuil = 43)* et une autre supérieure au seuil *(seuil = 47)* et nous avons remarqué que lorsqu'on diminue le seuil, les performances des réseaux, en termes de taux de détection, restent importantes. Mais, le taux de mauvaise détection devient remarquable. A l'inverse, lorsqu'on augmente ce seuil, les performances des réseaux, en termes de taux de détection, se dégradent, mais avec des taux de mauvaise détection plus faible.

Ces remarques peuvent être expliquées par la qualité de l'image reconstruite.

• Lorsque le PSNR est faible (PSNR < Seuil), l'image retournée manque de précision, qu'elle soit Visage ou Non-Visage. Par conséquent plusieurs images d'apprentissage la ressemblent, ce qui explique ce taux élevé de détection et de mauvaise détection.

• Lorsque le PSNR est élevé (PSNR > Seuil), l'image retournée est très précise. Par conséquent, sa ressemblance avec une image de la base d'apprentissage devient de plus en plus faible, ce qui explique le faible taux de détection de visages et de mauvaise détection aussi.

Conclusion

Dans ce chapitre, nous avons évoqué notre contribution dans le domaine de la détection de visages. Nous avons proposé une approche exploitant les réseaux d'ondelettes Bêta basée sur la théorie des frames, pour l'apprentissage et la détection de visages humains dans une image. Nous avons conçu un système capable d'exécuter la tâche de détection automatique de visages à l'aide d'un algorithme d'apprentissage.

Les indices de performances dégagés, ont permis de conclure que notre approche présente des performances très intéressantes surtout pour des images ne contenant pas trop de visages, d'ailleurs on a eu des taux de détection de 100% pour ce type d'images et un taux dépassant 75% pour des images contenant plusieurs visages.

Les performances des réseaux d'ondelettes Bêta, dont l'apprentissage est basé sur la théorie des frames, comme classificateurs pour la détection de visages sont évidentes à travers les résultats. La robustesse et la rapidité de cette approche font valoir les avantages de ces réseaux.

Conclusion Générale
& Perspectives

Dans ce mémoire, nous avons apporté notre contribution dans le domaine de détection de visages dans une image en adoptant une approche basée sur l'exploitation des réseaux d'ondelettes Bêta basés sur la théorie des frames.

Nous avons commencé par une présentation de l'état de l'art comportant une explication du principe de la détection de visages ainsi qu'un survol sur les différentes méthodes et techniques antérieures.

Ensuite, nous avons présenté les réseaux d'ondelettes en décrivant la technique de l'analyse en ondelettes et ses avantages par rapport à l'analyse de Fourrier. Nous avons passé aussi par les avantages des réseaux d'ondelettes par rapport aux réseaux de neurones à travers une comparaison entre les deux approches. A la fin de cette partie, quelques méthodes utilisant les réseaux d'ondelettes ont été citées.

Les réseaux d'ondelettes sont largement utilisés dans les problèmes de la classification et l'identification. Nous avons d'une part, étudié les particularités des réseaux d'ondelettes dans ce domaine. D'autre part, nous avons démontré leur capacité de réaliser un taux de détection assez élevé.

Dans l'approche proposée dans ce travail, nous avons exploité les réseaux d'ondelettes Bêta. Nous avons présenté d'abord, les étapes d'une démarche permettant d'assurer la phase d'apprentissage en utilisant les frames. Puis, une autre démarche a été proposée pour la phase de détection de visages.

En fait, la théorie des frames assure une représentation exacte et sans redondance d'un signal en le projetant sur la base des ondelettes, ce qui nous permet un calcul direct et d'une façon optimale des poids de connexions de nos réseaux.

A la fin de ce mémoire, les résultats expérimentaux de l'implémentation sont présentés et interprétés pour montrer l'efficacité de la méthode proposée.

Ce travail réalisé peut être amélioré par son test sur d'autres bases d'images ou dans d'autres domaines de détection ou par son optimisation en adoptant une démarche sélective des ondelettes à introduire dans les réseaux. Il peut être exploité, aussi, par son intégration dans un processus de reconnaissance de visages par réseaux d'ondelettes dans une image ou une séquence vidéo.

Bibliographie

• *Articles, ouvrages et mémoires*

[1] H. A. Rowley, S. Baluja, and T. Kanade. *Neural network-based face detection*. IEEE Trans. Pattern Analysis Machine Intelligence, 20:23–38, 1998.

[2] S.-H. Lin, S.-Y. Kung, and L.-J. Lin. *Face recognition/detection by probabilistic decision based neural network*. IEEE Trans. Neural Networks, 8:114–132, 1997.

[3] W. Karam, C. Mokbel, H. Greige, B. Pesquet-Popescu, G. Chollet : *Un système de détection de visage et d'extraction de paramètres basé sur les SVM et des contraintes*, Computer Science Department, University of Balamand, Tripoli, Lebanon, Ecole Nationale Supérieure des Télécommunications, Paris, France, 2004.

[4] F. Boray Tek: *Face detection using learning networks*, A thesis from the middle east technical university, June 2002

[5] L.Carminati : *Détection et suivi de visage par Support Vector Machine robustes aux changements d'echelle*, Thèse du Centre National de la Recherche Sientifique.

[6] M. Benkiniouar, M. Benmohamed : *Méthodes d'identification et de reconnaissance de visages en temps réel basées sur AdaBoost*, Novembre 2005

[7] Y. Wang, C.S. Chua: *Robust face recognition from 2D and 3D images using structural Hausdorff distance*, Image and Vision Computing 24(2)(2006)176–185.

[8] G. Potamianos, C. Neti, J. Luettin, and I. Matthews, *Audio-Visual Automatic Speech Recognition: An Overview*. In: Issues in Visual and Audio-Visual Speech Processing, G. Bailly, E. Vatikiotis-Bateson, and P. Perrier (Eds.), MIT Press, 2004.

[9] D. Ginhac, E. Prasetyo, M. Paindavoine, *Localisation et Reconnaissance de visages : Vers une implantation sur silicium*, Laboratoire LE2I - UMR CNRS 5158 Université de Bourgogne

[10] G. Yang and T. S. Huang. *Human face detection in complex background*. Pattern Recognition, 27:53–63, 1994.

[11] Iyengar S.S., E.C. Cho and V. Phoha, *Foundations of Wavelet Networks and Applications*. Chapman and Hall/CRC Press, June 2002.

[12] L. Chiunhsiun, F. Kuo-chin, *Human Face Detection using Geometric triangle relationship*, 15th International Conference on Pattern Recognition ICPR'2000, Barcelona, September 3-8, 2000.

[13] M. Zaied, *Etude des réseaux d'ondelettes Bêta : Application à la reconnaissance de visages*. Thèse de doctorat, Laboratoire REGIM-ENIS. Sfax, Février 2008.

[14] A. J. Colmenarez and T. S. Huang. *Face detection with information-based maximum discrimination*. IEEE Proc. of Int. Conf. on Computer Vision and Pattern Recognition, 1997.

[15] O. Sawettanusorn, Y. Senda, S. Kawato, N. Tetsutani, and H. Yamauchi, *Real-Time Face Detection Using Six-Segmented Rectangular Filter (SSR Filter)* Ritsumeikan University, Shiga, Japan and ATR Media Information Science Laboratories, Kyoto, Japan

[16] S. Kawato and J. Ohya. *Real-time detection of nodding and head-shaking by directly detecting and tracking the between-eyes*. Proceedings Fourth IEEE International Conference on Automatic Face and Gesture Recognition, 2000.

[17] J. Cai and A. Goshtasby. *Detecting human faces in color images*. Image and Vision Comput., 18:63–75, 1999.

[18] R. Kjedsen and J. Kender. *Finding skin in color images*. Proc. of the 2nd Int. Conf. on Automatic Face and Gesture Recognition, pages 312–317, 1996.

[19] J. Yang and A. Waibel. *A real-time face tracker*. IEEE Proc. of the 3rd Workshop on Applications of Computer Vision, 1996.

[20] E. Osuna, R. Freund, and F. Girosi. *Training support vector machines: An application to face detection*. IEEE Proc. of Int. Conf. on Computer Vision and Pattern Recognition, 1997.

[21] R. O. Duda, P. Hart, and D. G. Stork. *Pattern Classification*. WileyInterscience, 2 edition, 2001.

[22] R. Fransens, C. Strecha, L. Van Gool, *Parametric Stereo for Multi-Pose Face Recognition and 3D-Face Modeling*, PSI ESAT-KUL, Leuven, Belgium 2005

[23] H. Schneiderman and T. Kanade. *Probabilistic modeling of local appearance and spatial relationships for object recognition*. IEEE Conference on Computer Vision and Pattern Recognition, 6, 1998.

[24] H. Schneiderman and T. Kanade. *A statistical model for 3d object detection applied to faces and cars*. IEEE Conference on Computer Vision and Pattern Recognition, 2000.

[25] V. Kumar and T. Poggio. *Learning-based approach to real time tracking and analysis of faces*. Proc. 4th IEEE Int. Conf. on Automatic Face and Gesture Recognition, Sept.1999.

[26] N. Oliver, A. Pentland and F. Berard. *A real-time face and lips tracker with facial expression* recognition. IEEE Trans. on Pattern Recognition, 33:1369–1382, 2000.

[27] A Pentland, B. Moghaddam, and T. Strarner. *View-based and modular eigenspaces for face recognition*. IEEE Proc. of Int. Conf. on Computer Vision and Pattern Recognition, pages 84–91, 1994.

[28] B. Moghaddam and A. Pentland. *Probabilistic visual learning for object representation*. IEEE Trans. Pattern Analysis and Machine Intelligence, 19(1), 1997.

[29] V. Kumar and T. Poggio. *Learning-based approach to real time tracking and analysis of faces*. Proc. 4th IEEE Int. Conf. on Automatic Face and Gesture Recognition, 2000.

[30] D. Roth, M.-H. Yang, and N. Ahuja. *A snow-based face detector. Advances in Neural Information Processing Systems*. 12, 2000.

[31] Y. Zhu, S. Schwartz, and M. Orchard. *Fast Face Detection Using Subspace Discriminant Wavelet Features*. Electrical Engineering, Princeton University. IEEE Int. Conf. on Computer Vision and Pattern Recognition, 2000.

[32] I. Boaventura, V. M. Volpe, A. Sanches et A. Gonzaga. *A face detector using Neural Networks and Discrete Wavelet Transforms*. IBILCE-UNESP UNIRP EESC-USP.

[33] R. Lim, M. J.T. Reinders and Thiang. *Face Detection Using Skin Color and Gabor Wavelet Representation*. Proc. of the International Conf. on Electrical, Electronics, Communication, and Information CECI'2001, March 7-8, Jakarta

[34] M.H. Yang, N. Ahuja, D. Kriegman: *Detecting Human Faces in Color Images*. Proc. of the 1998 IEEE International Conference on Image Processing (ICIP 98), pp. 127-139, Chicago, October, 1998.

[35] M.H. Yang, N. Ahuja, D. Kriegman: *Face Detection Using a Mixture of Factor Analyzers*. Proc. of the 1999 IEEE International Conference on Image Processing (ICIP 99), Kobe, Japan, 1999.

[36] E. Viennet and F. Fogelman Soulié. *Connectionist methods for human face processing, in Face Recognition: From Theory to Application*. Springer-Verlag, Berlin/New York, 1998.

[37] C. Garcia, G. Zikos and G. Tziritas. *Face Detection in Color Images using Wavelet Packet Analysis*. Institute of Computer Science, *Foundation for Research and Technology-Hellas. Greece.*

[38] S. Zhou, V. Krueger, and Rama Chellappa. *Face Recognition from Video: A CONDENSATION Approach*. Center for Automation Research (CfAR), Department of Electrical & Computer Engineering, University of Maryland.

[39] S. Satoh, Y. Nakamura, and T. Kanade. *Name-it: naming and detecting faces in news videos*. IEEE Multimedia, 6:22–35, 1999.

[40] R.S. Feris, J. Gemmell, V. Krüger, and K. Toyama. *Facial Feature Detection Using A Hierarchical Wavelet Face Database*. Microsoft Research, University of Maryland.

[41] Y. Oussar. *Réseaux d'ondelettes et réseaux de neurones pour la modélisation statique et dynamique de processus*. Thèse de doctorat de l'université Pierre et Marie Curie. Paris, France. Juillet 1998.

[42] L. Sirovich and M. Kirby. *Low-dimensional procedure for the characterization of human faces*. Journ. Optical Society America, 4:519–524, 1987.

[43] T. H. Lin, W. P. Shih. *Automatic face authentication with self compensation*. Image and Vision Computing. October 2007.

[44] I. Daubechies. *Ten Lectures of Wavelets*. Rutgers University and AT & T bell Laboratories, Sept.1992.

[45] D. Jonathan, B. Michael et F. Sébastien. *Les Ondelettes*. Université Libre de Bruxelles. Printemps des Sciences. Bruxelles. Belgique.

[46] J.-C. Terrillon, M. Shirazi, H. Fukamachi, and S. Akamatsu. *Comparative performance of different skin chrominance models and chrominance spaces for the automatic detection of human faces in color images*. in Proceedings Fourth IEEE International Conference on Automatic Face and Gesture Recognition, 2000.

[47] M. Turk and A. Pentland. *Eigenfaces for recognition*. Journal Cognitive Neuroscience, 3(1) : 71–86. 1991.

[48] M. Zaied,C. Ben Amar and A. M. Alimi. *Beta Wavelet Networks For Face Recognition*. Intelligent Decision Systems, pages 109-122. JDS-14/2005.

[49] W.Bellil, C. Ben Amar et M. A. Alimi. *Etude d'une nouvelle famille d'ondelettes à base de la fonction Bêta*. Laboratoire REGIM-ENIS, Sfax, Tunisie. 2004.

• Références Web

❖ **Face Detection & Recognition**
   http://www.liacs.nl/home/lim/face.detection.html

❖ **Projet Traitement Numérique des images:** *Bases d'ondelettes*
   http://www.tsi.enst.fr/tsi/enseignement/ressources/mti/ondelettes

❖ **Index of pub face data bases**
   http://ftp.uni-erlangen.de/pub/facedb/

❖ **Sébastien Marcel - Frontal Face Data bases**
   http://www.idiap.ch/resources/frontalfaces/

❖ **BioID-Technology Research:** *The BioID Face Database*

   http://www.bioid.com/downloads/facedb/index.php

❖ **Resources for Face Detection**
   http://vision.ai.uiuc.edu/mhyang/face-detection-survey.html

❖ **Face Detection Homepage: Face finding and recognition**

   http://www.facedetection.com/

❖ **Face detection**
   http://vasc.ri.cmu.edu/NNFaceDetector/

❖ **Pittsburgh Pattern Recognition**
   http://www.pittpatt.com/

ÉDITIONS
UNIVERSITAIRES
EUROPÉENNES

Une maison d'édition scientifique

vous propose

la publication gratuite

de vos articles, de vos travaux de fin d'études, de vos mémoires de master, de vos thèses ainsi que de vos monographies scientifiques.

Vous êtes l'auteur d'une thèse exigeante sur le plan du contenu comme de la forme et vous êtes intéressé par l'édition rémunérée de vos travaux? Alors envoyez-nous un email avec quelques informations sur vous et vos recherches à: info@editions-ue.com.

Notre service d'édition vous contactera dans les plus brefs délais.

Éditions universitaires européennes
est une marque déposée de
Südwestdeutscher Verlag für
Hochschulschriften GmbH & Co. KG
Dudweiler Landstraße 99
66123 Sarrebruck
Allemagne

Téléphone : +49 (0) 681 37 20 271-1
Fax : +49 (0) 681 37 20 271-0
Email : info[at]editions-ue.com
www.editions-ue.com